KB212282

나는
IB 학부모
입니다

나는 IB 학부모입니다

이제는 교육 패러다임을 바꿔야 할 때

초 판 1쇄 2024년 09월 30일
초 판 3쇄 2025년 03월 06일

지은이 이혜선
펴낸이 류종렬

펴낸곳 미다스북스
본부장 임종익
편집장 이다경, 김가영
디자인 윤가희, 임인영
책임진행 이예나, 김요섭, 안채원, 김은진, 장민주

등록 2001년 3월 21일 제2001-000040호
주소 서울시 마포구 양화로 133 서교타워 711호
전화 02) 322-7802~3
팩스 02) 6007-1845
블로그 http://blog.naver.com/midasbooks
전자주소 midasbooks@hanmail.net
페이스북 https://www.facebook.com/midasbooks425
인스타그램 https://www.instagram.com/midasbooks

ⓒ 이혜선, 미다스북스 2024, *Printed in Korea*.

ISBN 979-11-6910-835-5 03370

값 20,000원

미다스북스는 다음세대에게 필요한 지혜와 교양을 생각합니다.

이제는
교육 패러다임을
바꿔야 할 때

나는
IB 학부모
입니다

이혜선 지음

미다스북스

IB의 목표는

"서로 다른 문화를 이해하고 존중하며,

더 나은 평화로운 세상을 실현하는 데 기여할 수 있는

지식이 풍부하고 탐구심과 배려심이 많은 청소년을 기르는 것"입니다.

하나의 커다란 우주인 우리 자녀의 **성장 가능성**을

언제나 믿고 축복하며 **지지하는 부모**가 되어주세요.

자녀에게 당신의 삶의 어떤 방식을 물려주고 싶은지

깊이 생각해보는 부모가 되었으면 좋겠습니다.

추천사

2017년 저서 『대한민국의 시험』에서 대한민국 교육의 패러다임 전환을 위해 IB를 한국어화하여 공교육에 시범 도입해보자는 제안을 최초로 했을 때는 IB(국제바칼로레아)가 검색조차 되지 않던 시절이었다. 그처럼 IB 불모지였던 우리나라에서 불과 몇 년 만에 전국적으로 많은 IB 공립학교가 생기고 많은 학부모들이 IB 학교를 선택하는 변화를 보면서, 정말 감개무량하고 가슴이 벅차오르지 않을 수 없다. 특히 정책의 최종 수요자인 학부모 관점에서 쓰인 책이 출간된다는 건 정책의 최초 제안자 입장에서는 매우 감사하고 영광스러운 일이다.

이 책의 특장점은 대부분 교육정책 제안/개발자, 교수자 등 공급자 관점에서 쓰인 기존 IB 관련 저서들과 달리, 학부모라는 수요자 관점에서 쓰인 책이라는 점이다. 그런데 일반적으로 'IB 전문성'이라는 것은 공급자들의 전유물로 인식되는 경향이 있는데, 이 책은 수요자의 시각으로 쓰인 것임에도 'IB 전문성'이 곳곳에서 눈에 띈다.

우선 저자가 IB 교육의 본질과 철학에 대한 이해가 깊다. 그래서 IB를 맹목적으로 추종하지 않으면서도 세간의 피상적인 오해나 왜곡을 예리하게 지적해 낸다. 또한 한 자녀의 사례만으로 IB 교육 전체를 판단하지 않고, 성향이 각기 다른 네 명의 자녀를 키우면서 얻은 다양한 체험에 기반하기 때문에 한 아이의 사례로 IB를 단정 짓는 편협함이 없다. 단순히 학부모 모임에서 나누는 피상적인 정보 공유 수준을 넘어서 저자 본인의 교육철학과 교육의 본질에 대한 통찰이 묻어나는, 상당히 전문성이 드러나는 책이다. 그럼에도 무엇보다 읽기가 쉽다. IB를 문서로만 공부한 애매한 전문가가 아니라 IB 교육을 매일의 일상으로 체험한 에피소드를 기반으로 글을 풀어나가서 이야기가 흥미진진하다. IB 학교를 고민하는 학부모뿐 아니라 자녀 교육에 관심 있는 전국의 모든 학부모들에게도 매우 유익한 책이다.

– 교육과혁신연구소 소장, 『서울대에서는 누가 A+를 받는가』,
『대한민국의 시험』, 『IB를 말한다』 저자_이혜정

제주에서 무려 네 아이를 키우며 IB 교육의 여정을 담은 책! 글로벌 교육을 고민하는 부모들이라면 공감할 책! 한국에 거세게 불어오는 IB 교육의 바람을 이 책을 통해 해갈해보기를 적극 권합니다.

– 유튜브 〈혼공TV〉 운영자 혼공쌤_허준석

엄마의 마음으로 경험한 IB 교육
IB 교육을 소개하는 학자들과 교육 전문가들의 많은 책이 있지만, 이 책의 가장 큰 장점은 저자가 엄마의 마음으로 IB 교육을 바라보고, 아이들의 성장을 지켜본 기록이라는 점이다. IB 교육에 관심갖고, 우리 가정의 교육 선택지 중 하나로 생각하는 부모님들에게 부모로서 고민되고 염려되는 부분에 대한 진솔한 답변이 이 책에 잘 정리되어 있다. IB 교육에 관심 있는 교육자들과 부모님들께 한국 IB 교육의 입문서로 꼭 추천하고 싶다.

– 『공부 머리의 발견』, 『우리 아이를 위한 입시지도』 저자_심정섭

아이 문제를 앞에 두고 부모는 보수적일 수밖에 없다. 남들이 가는 길을 따라가면 덜 후회할 것만 같다. 그럼에도 너무나 많은 것이 걸린 교육 문제에 새로운 도전을 하는 부모들이, 또 새로운 선택을 한 학생을 믿고 지지해주는 학부모들이 늘어나고 있다. 특히 IB라는 새로운 교육 모델 주변으로 많은 사람들이 고민을 안고 희망을 품고 모이고 있다. 책 『나는 IB 학부모입니다』는 그런 학부모들과 깊게 공감할 수 있는 책이다. 용기를 내기 위해서는 연대가 필요하고 이 책은 뜻있는 사람들을 단단히 묶어줄 책이라 소중하고 반갑다.

— MBC 다큐멘터리 〈교실이데아〉 PD_김신완

모든 문화권을 가로질러 인간은 자녀를 키우며 큰 행복을 느낍니다. 그러나 우리나라를 포함한 특정 문화권에서는 자녀 사랑의 방식이 조금 유별납니다. 과도한 사교육이나 선행학습이 자녀 사랑과 동의어가 아니라고 생각하신다면 여러분은 작가 이혜선의 〈나는 IB 학부모입니다〉와 결을 함께하고 있습니다! 진실성 있는 자녀 교육을 고민하는 학부모님들께 자신 있게 이 책을 추천합니다!

— 네이버 카페 〈IB공교육연구소〉 대표 교사_김규대, 김희정

AI 사피엔스로 살아갈
자녀들의 교육을 고민하는 독자들에게

4차 산업혁명 시대에 우리가 살고 있습니다. 인류의 문명사적 전환기에 포노사피엔스로 태어난 우리 아이들을 넘어 이제 다음 세대는 AI 사피엔스가 되어 살아갈 것이라고 학자들은 말하고 있습니다. 인공지능의 등장 이후, 새로운 지식과 기술은 과거 어느 때보다도 빠르게 축적되어 세상은 점점 더 빠르게 변화하고 있습니다. 그 속에서 우리 부모들은 자녀들이 이 시대에 어떤 교육을 받아야 더 나은 미래를 맞이할 수 있을지 고민하게 됩니다.

이 책은 바로 그런 고민에서 시작되었습니다. 앞서 언급한 시대의 변화 속에 우리 부부는 '인공지능에 대체되지 않는 인재로 우리 아이들을 키우려면 어떻게 해야 하지?'라는 질문 가운데 세계적인 교육 과정으로 인정받는 IB(International Baccalaureate) 프로그램이 국내 공교육에 도입되었다는 소식을 들었습니다.

우리나라 공교육은 여전히 과거 산업화 시대의 대량생산 체제에 맞춰 필요한 노동자를 기르기 위한 주입식 교육의 패러다임에서 벗어나지 못하고 있습니다. 좋은 대학에 진학하기 위해 부모 세대 대부분이 객관식 상대평가 입시 체제에서 행복하지 않았던 학창 시절을 보냈는데, 우리 아이들도 '왜 공부해야 하는지?'에 대한 물음에 답을 찾지 못한 채 그저 피라미드 꼭대기 상위 1%의 자리를 차지하기 위한 경쟁 속에 학창 시절을 살아갑니다.

저는 엄마로서 제가 경험했던 기존 교육 시스템에 아이들을 몰아넣고 싶지 않았습니다. IB는 비판적 사고와 자기주도적 학습을 토대로 프로젝트 수업 및 논서술형 기반 평가로 현대 사회가 시대의 인재들에게 요구하는 4C 역량을 기를 수 있는 국제적으로 인정받은 교육입니다. 저는 IB를 통해 아이들이 학창 시절 단순히 성적을 뛰어넘어, 스스로 생각하고 성장할 수 있는 환경을 만들어주고 싶어서 맹모의 마음으로 IB가 공교육 최초로 도입된 지역으로 아이들과 함께 삶의 거처를 옮겼습니다.

이 책을 통해 사 남매의 엄마로서 살아온 제 이야기와 지난 2년 반 동안 공교육 IB 학교에 아이들을 보내면서 아이들이 어떻게 성장해왔는지, 그리고 그 과정에서 IB 학부모 커뮤니티 대표로서 성장하며 배우고 느낀 점들을 담아 나누고자 합니다. 더불어 이 시대 자녀들에게 필요한 교육 패러다임 변화의 방향에 대해 학부모의 입장에서 함께 고민해보고자 합니다.

모든 아이는 다르며, 그들이 걸어가는 길도 제각기 다릅니다. 부모로서 아이들의 가능성을 믿고, 적절한 교육 환경을 제공해주는 것이야말로 자녀들이 자신의 길을 찾아갈 수 있도록 돕는 중요한 역할이라고 봅니다. 삼 남매의 IB 이야기를 통해 단순히 한 가정의 경험을 넘어서, 오늘날 부모님들께 자녀 교육의 본질과 목적에 대해 질문을 던지는 계기가 되었으면 좋겠습니다. 감사합니다.

2024년 9월. 제주뽀맘 이혜선

목차

추천사 006

들어가며 009

1장
나는 성장하는 엄마, IB 학부모입니다

1. 육아전쟁 독박육아 017

2. 나를 성장하게 하는 아이들 021

3. 다시 나를 찾아 떠나야겠어 029

4. IB라는 새로운 도전을 향해! 035

5. IB 학부모에서 IB 부모 커뮤니티 대표로 040

2장
새로운 시작, IB 세상 속으로 퐁당

1. 나 이제 뭐 해? 나 이거 해도 돼? 061

2. 힘들지만 재밌어! 첫째 이야기 068

3. 물 만난 물고기가 된 둘째 이야기 074

4. 늦으면 좀 어때! 셋째 이야기 080

5. IB는 이렇게 달라요 084

3장
IB, 넌 대체 누구니

1. IB 프로그램이란 무엇일까 097

2. IB 월드스쿨은 이렇게 진행해요 115

3. 내 주변에도 IB학교가 있을까 124

4. 대구 IB와 제주 IB는 좀 달라요 139

5. IB 도입 이후 아직도 가야 할 길 159

6. 우리는 IB를 왜 해야 할까요 167

7. 이제는 교육 패러다임을 바꿔야 할 때 173

4장
IB 이상과 현실 사이에서 필요한 5가지

1. IB에 잘 적응할 수 있을까요 187

2. 환상은 이제 그만! IB를 대하는 부모의 자세 193

3. 생각하고 질문하는 IB 210

4. 자기 주도적인 IB 218

5. 나만의 장점과 과정 중심인 IB 228

책을 마치며 232

부록 IB를 선택한 교육 전문가와 부모들 (IB Q&A) 236

감사의 글 269

1장

나는 성장하는 엄마,
IB 학부모입니다

**International
Baccalaureate**

내 삶이 사라진 것처럼

우울하고 힘들었던 때도 있었지만,

돌이켜 보니 내 아이들의 건강과 미래를 위해

희생하고 헌신하는 '엄마'라는 이름은

이 세상 어떤 지위보다도 위대한 직분임을 깨달았다.

소중한 네 명의 아이들을 통해

내 인생에서 다시 없을 성장통을 경험하며,

아이들이 자라는 만큼

나도 함께 계속해서 성장하고 있다.

1

육아전쟁 독박육아

서울에 살던 나는 스물아홉 살에 결혼을 하고 전북 전주에 먼저 자리를 잡은 남편을 따라 신혼생활을 시작했다. 대문자 I 성향인 나와 남편은 빡빡한 도시 생활보다 한적한 시골 감성을 더 좋아하는 편이어서 주말이면 야외로 많이 다니곤 했었다.

이듬해 우리 가정에 찾아온 첫째 아이를 출산했다. 엄마 편하라고 먹고, 자고, 싸고 기본 3시간을 자는 순한 아이였다. 미혼 때 유치원, 어린이집 교사였기에 내 아이만큼은 잘 키울 자신이 있었고, 육아가 힘들다고 생각하지 않았다. 그래서였을까? 육아가 힘든지도 모르고 우리 부부는 첫째의 돌이 지나자마자 둘째를 계획했고, 바로 둘째도 임신하게 되었다. 그런데 아뿔싸! 둘째를 낳고서야 알게 되었다. 육아는 이런 것임을…. 둘째는 첫째와는 정반대로 내 품을 떠나서는 한시도 누워 있지 않는 아주 예민한 기질을 안고 태어난 것이었다.

엎친 데 덮친 격으로 둘째를 낳기 직전에 남편은 직장에서 국제 업무를 담당하는 부서로 발령이 났고, 한 달에 2주는 해외를 다녀와야 하는 상황까지 되어 버린 것이다. 그래서 첫째를 키울 때보다 아이 둘을 혼자서 돌봐야 하는 시간이 많아지기 시작했다.

둘째는 먹는 것도 짧고, 잠도 잘 자지 않는 아이인 데다가 첫째와의 터울이 22개월로 길지 않은 터라 아이 둘을 혼자 데리고 있다 보면 미치기 일보 직전이라는 말이 절로 나왔다. 육아에 있어서 자신만만했던 나는 애 둘을 키우는 것은 2배로 힘든 게 아니라 200배로 힘들다는 말을 둘째를 낳고 나서 실감하며, 육아 전쟁의 쓴맛을 알게 되었다. 육아 전쟁은 물론이거니와 남편의 해외 출장으로 독박 육아까지 하게 된 것이다.

둘째가 태어나면서부터 남편이 퇴근하고 돌아오면 둘째는 남편이 돌봐주는데 남편이 일주일씩 출장을 가 있는 동안에 신생아와 22개월 첫째를 같이 혼자 밤에 재우는 일은 여간 힘든 일이 아니었다. 22개월 터울도 이렇게 힘든데 쌍둥이 엄마들은 아이 둘을 어떻게 한 번에 키우는 것인지 정말 존경스럽다.

첫째는 둘째가 새벽에 깨서 울면 기가 막히게 바로 깨버리는 아이였고, 동생이 모유 수유를 할 때면 자기도 같이 먹겠다며 서로 안아달라는 아이

둘 때문에 '하⋯. 몸이 열 개였으면⋯.' 하는 마음이 시도 때도 올라왔지만 나는 내 몸은 힘들어도 아이들에게 단호하게 말하는 엄마이지 못했다. 그저 하나하나 다 채워주지 못해 미안한 마음만 가득한 엄마였다.

그렇게 혼자 독박 육아를 하며 하루하루를 보냈고 둘째는 벌써 돌이 지나서 단유를 시작해야 하는데 젖을 못 떼고 있을 때였다.

'헉⋯!'

"어떻게 우린 다 한 방(?)이야. 남들은 하나도 낳기 힘들다는데⋯."

예정에 없던 셋째가 생긴 것이다. 사실 나는 하늘이 무너지는 것 같았다. 첫째와 둘째의 터울보다 2개월이나 더 일찍 생겼고 축복으로 다가와야 할 새 생명이 이미 지칠 대로 지친 나에겐 적지 않은 충격이었다. 딸 둘이 있어서 아들에 대한 욕심은 막연하게 있었지만 둘째를 키우면서 육아의 쓴맛을 알아 버린 터라 낳더라도 적어도 세 살 이상 터울로 계획하자 싶었는데 오히려 첫째와 둘째의 터울보다 더 터울이 적은 연년생으로 태어날 상황이 된 것이다.

'독박 육아에 애 둘 키우기도 힘든데 연년생 셋째라니⋯.'

임신, 출산, 육아 3년을 반복하며 잠 못 자며 딸 둘을 키웠는데 똑같은 패턴을 3년 동안 또다시 시작해야 한다고 생각하니 말보다 눈물이 먼저 앞을 가렸다.

마음은 너무 무거웠지만 그래도 어쩌겠는가…. 키워야지….

내 아이만큼은 잘 키울 자신이 있었던 교사로서 자존심은 온데간데없이 사라지고 피폐해져 버린 정신과 육체만이 남아 있었다.

어느덧 20주가 흘러 셋째의 성별을 보러 가는 날이 왔다.

내 심장 소리는 쿵쾅쿵쾅쿵쾅….

"위의 애들 성별이 어떻게 되죠?"

"딸 둘이요…."

"오~ 성공하셨네요! 아들인 것 같은데~"

성별을 확인하는 순간 아들이 뭐라고 그동안 맘고생했던 것들이 씻겨 내려가는 기분이었다. 남편은 옆에서 두 팔을 벌려 만세를 하고 있었고 이젠 정말 숙제를 다 끝낸 것처럼 참 홀가분했다. 하지만 연속적인 임신과 출산으로 조산기가 있어서 마음을 편히 놓을 수 없었고, 건강히 태어나길 기도도 할 수밖에 없었다. 정말 감사하게도 모든 주수를 채우고 2014년 12월 말. 새해를 이틀 앞두고 셋째 아들은 건강히 태어났다.

나를 성장하게 하는 아이들

남편은 여느 때와 같이 해외 출장 중이었고, 독박 육아는 나의 삶이라 여기며 셋째가 10개월쯤 되는 어느날 허리가 너무 아팠다.

지난 4년간 임신과 출산, 육아를 반복했으니 내 허리가 괜찮을 리가 없었다. 밤새 허리가 끊어질 듯 너무 아파서 진통제를 먹어도 낫질 않았다. 버티고 버티다 도저히 참을 수가 없는 상태에 이르렀다.

'병원을 가야 할 것 같은데…. 아이 셋을 어디에 맡기지….'

양가 부모님은 일산과 제주에 다 멀리 떨어져 계시고, 모두 일을 하고 계셔서 바로 올 수도 없는 상황이었다. 남편까지 인도네시아 출장 중이라 출장을 급히 취소하고 돌아와도 하루가 꼬박 걸리는 상황이었다.

부랴부랴 수원에 살던 시 남동생을 불러 4세, 2세 딸 둘을 맡기고, 10개월 된 막내 아들은 아파트 위층에 사는 엄마에게 도움을 청해야만 했다.

그렇게 아이들을 뒤로하고 응급실로 향했다. 병원에서 허리 디스크 진단을 받고 치료를 받고 시술 후 퇴원했지만, 여전히 몸은 호전되지 않았고 이상하게도 다른 증상들이 나타나기 시작했다. 발가락, 손가락 저림부터 시작해서 미각 상실, 몸의 중심도 안 잡히고 결국은 나의 의지와는 상관없이 걷다가 다리에 힘이 풀려 넘어지더니 하반신 마비까지 오기 시작했다.

온몸에 힘이 풀려서 10개월 된 아들을 떨어트릴까 봐 안아주지도 못하고 아이들 옷에 단추 하나 채우지 못할 정도로 손끝이 시리고 아파서 아무것도 할 수 없는 몸 상태가 되어버렸다.

알 수 없는 여러 증상으로 갖가지 검사를 했고, 원인을 찾지 못하다가 뒤늦게 신경과에서 큰 병원으로 가보라는 진단을 받게 되었다. 결국 서울 세브란스 병원까지 가게 되었고, 진단명을 알기까지 3개월의 시간이 걸렸다. 우여곡절을 지나 나온 최종 진단은 '길랭–바레 증후군'이라는 생전 처음 듣는 희귀병이었다. 자가면역질환으로 말초 신경에 문제가 생겨 생기는 '급성 염증성 탈수초성 다발성 신경병증'이라는 것이었다.

최근에 코로나19로 인해 합병증으로 그나마 많이 알려졌지만 직접적인 발병 원인도 명확히 밝혀지지 않고 치료법도 제한되어 있다. 치료는 면역 글루브린 주사로 치료하는 방법 외에는 없으며, 하지마비부터 안면마비, 호흡기까지 전신으로 마비가 온 후 재활 치료를 해야 하는 회복이 오래 걸리는 힘든 병이었다. 하지만 나는 검사와 진단을 위해 서울과 전주를 오갈 수 있는 정도의 상황이었고, 하반신 마비가 왔었지만 점차 시간이 지나면서 자연스럽게 호전되어 감사하게도 언제 그랬냐는 듯이 특별한 치료 없이 완쾌하게 되었다.

언제 아팠냐는 듯이 세 아이를 키우며 적응하느라 정신없는 일상을 보내던 2017년 6월.

첫째 7세, 둘째 5세, 셋째 30개월이었을 때이다.

아침에 세 아이를 유치원과 어린이집에 보내려고 준비하는데 국을 끓이려고 하는 순간.

'욱!! 불안한 이 느낌…. 절대 그럴 리가 없는데….'

하지만 불길한 예감은 역시 틀리지 않았다.

1%의 확률을 뚫고 우리에게 또다시 새 생명이 온 것이다.

어째서, 왜 1%일까?

셋째 이후 남편이 의학의 힘을 썼음에도 불구하고 그 1%의 확률을 뚫고 우리에게 넷째가 온 것이다. 정말 난 출산의 여왕, 다산의 여왕이란 말인가! 이로써 100%의 피임은 없다는 사실을 우리 부부가 몸소 증명했다. 불가항력으로 태어난 우리 막내는 우리 가정에 축복이요 뭘 해도 크게 될 인물이 될지도 모른다는 생각을 하며 이름을 미리 정해놓았던 다른 형제와 달리 유일하게 '축복이'라는 태명을 지어줬다.

2년 전에 셋째를 낳고서 크게 아팠던 것을 생각하면 더 이상의 출산은 상상도 할 수 없었다. 그래서 넷째의 임신 사실을 알았을 땐 '또 아프면 어떻하지?'라는 두려움이 먼저 올라왔다. 그럼에도 불구하고 '우리 가정에 하나님의 뜻이 있겠지' 하며 내 목숨을 걸고 아이를 지켜내고자 했다.

하지만 아니나 다를까 72개월, 50개월, 30개월 삼 남매를 키우며 임신 중인 막내까지 보호하는 건 정말 쉽지 않은 일이었다. 자주 올라오는 혈압 상승과 자궁수축, 입덧으로 병원에서 휴식을 취해야만 했지만 남편이 쉬는 주말에만 가능했기에 10개월의 임신 기간은 너무 힘들었다. 그럼에도 불구하고 나는 8년 동안 네 아이를 전부 자연분만으로 네 번의 출산을 했다.

아이 셋을 키우며 숙련된 육아 스킬로 넷째는 거저 키울 줄 알았는데 역시 쉬운 육아는 없었다. 넷째는 생후 6개월부터 기관지가 약해서 급성 폐렴으로 자주 아프기 시작했고, 결국 매달 일주일간은 입원 치료를 받으며 지냈어야 했다.

병원 생활을 하는 딸과 손주가 안쓰러워서 그랬던 것일까?
친정엄마가 말했다.

"너 어렸을 때 너도 많이 아파봐서 엄마가 알지…. 그때 엄마도 힘들고 그랬지만 그 힘든 와중에도 엄마한테 사랑받으려고 그런 걸~ 그리고 너

쉬게 하려고 아프나 보다."

친정엄마는 내가 아픈 손가락처럼 늘 안쓰러워하셨다.
엄마는 내게 나는 내 딸에게 내리사랑을 하고 있는 것이었다.

'온전히 엄마와 함께 있고 싶었던 거였구나….' 중환자실에 가야 하는 고비를 넘어가며 병원 생활이 힘들 법도 한데 오히려 병원에 있는 이 시간만큼은 온전히 이 아이에게만 집중할 수 있었기 때문에 나에게도 휴식 같은 시간이었다. 만약 그 시간이 없었다면 위에 오빠, 언니들을 돌보느라 늘 정신없는 시간을 보냈을 것이고, 막내딸은 엄마인 나와의 애착 형성이 어려웠을 수도 있겠다는 생각을 뒤늦게서야 했다. 이렇게 나의 10여 년의 시간 동안 눈물과 땀으로 키운 사 남매는 어느덧 중1, 초5, 초4, 7세가 되어 각자의 속도대로 커가며 엄마, 아빠와 행복하게 살아가고 있는 중이다.

너무 피곤해서 잠이 쏟아지는 상황 속에도 아이의 뒤척임과 울음소리에 벌떡 일어나 아이의 몸을 살펴주고, 내 몸이 부서질 듯이 아플지라도 기꺼이 일어나 아이의 밥을 먼저 챙겨주는 우리는 '엄마'이다.

엄마로서 10여 년 동안 네 명의 아이를 키운 시간을 돌아보면 네 명의 자녀가 한 명씩 성장함에 따라 그 누구에게도 보여주지 못한 나의 밑바닥을 계속해서 보게 되면서 이제껏 경험해 보지 못한 나의 많은 한계에 부딪힐 때가 많았다. 그런 시간이 너무 힘들고, 지치다가도 다시금 일어나 가다 보면 어느새 그 한계를 넘어서 있는 나를 발견하게 된다.

내 삶이 사라진 것처럼 우울하고 힘들었던 때도 있었지만, 돌이켜보면 내 아이들의 건강과 미래를 위해 희생하고 헌신하는 '엄마'라는 이름은 이 세상 어떤 지위보다도 위대한 직분임을 깨달았다. 그래서 이젠 지난 시간 동안 엄마로서 온 힘을 다해 후회 없이 아이들에게 사랑을 주었다고 자신 있게 말할 수 있다. 나의 가장 소중한 네 명의 자녀를 통해 내 인생에서 다시 없을 성장통을 경험하며, 아이들이 자라는 만큼 나도 함께 계속해서 성장하고 있다.

[엄마로서 나를 성장시킨 나의 자랑, 나의 사랑스러운 가족이다.]

[작년 가을 어느 날 성읍에 있는 영주산에서]

너무 피곤해서 잠이 쏟아지는 상황 속에도

아이의 뒤척임과 울음소리에

벌떡 일어나 아이의 몸을 살펴주고

내 몸이 부서질 듯이 아플지라도

기꺼이 일어나 아이의 밥을 먼저 챙겨주는 우리는

'엄마'이다.

③

다시 나를 찾아 떠나야겠어

임신, 출산, 육아만 오롯이 10년 이상을 하면서 나는 몸과 마음은 지칠 대로 지쳐 있었다. 마음이 편안해야 할 집이 갑갑하고 싫었다.

결혼 전의 나 '이혜선'은 어디에 있는 거지?

결혼 후, 아이들을 낳고 10년이 넘게 누구의 엄마, 누구의 아내로 지내 왔으니 내 이름이 불릴 일이 없었던 것이다. 나의 존재에 대해 회의감이 들기 시작했다. '육아만 하려고 결혼한 것이 아닌데…. 나 왜 이러고 살고 있지?'라는 생각에 더 늦어지기 전에 사회의 한 구성원으로서 존재하고 싶었다.

그동안 엄마로서 최선을 다해 아이들을 키워왔지만, 나로서는 멈춰진 것 같은 느낌이랄까…. 더군다나 아이들이 성장하면서 아이들에게 어떤 새로운 일이 맞닥뜨릴 때 "한번 도전해 봐! 할 수 있어."라고 말을 해주면서도 '너는 어릴 때 안 해 본 일 앞에서 도전했었어? 너라면 할 수 있어?'라며 소극적이었던 학창 시절 내 안의 나와 계속 마주하는 불편함을 더 느끼게 되었다. 그래서 말보다는 나의 삶을 통해 보여주며 아이들과 소통하고 싶다는 생각을 갖게 되면서 나에게 의미 있는 일을 더욱 찾고 싶었다.

아이 네 명을 키워본 경험도 있으니 교사로 다시 돌아갈 수도 있었지만, 나의 성장이기보다 익숙한 곳이며 퇴근 후에도 일의 연장선처럼 느껴질까 봐 어린이집 교사로 다시 일할 용기는 나지 않았다. 그렇다고 아무 일이나 하고 싶지 않은 내 나이 38세였다. 곧 40세를 바라보니 어떤 일을 시작하든지 내게 의미 있는 일, 개인의 성장을 위한 새로운 일에 도전하고 싶었지만 새로운 일을 찾는 것은 쉽지 않았다.

아이들을 생각하면 9 to 6 워킹맘이 되는 것은 막막했고, 사 남매도 오후 3~4시면 집으로 돌아오기 때문에 신데렐라가 아닌 '애데렐라'가 되어 나의 시간은 퇴근도 없었다. 이렇게 나의 모든 시간은 오로지 아이들 중심으로 돌아갔기에 나만을 위한 시간과 아이들과 함께하는 시간을 분리해서 생각해 본 적이 없던 것이다.

건강을 되찾은 18개월이 된 막내딸을 이제 어린이집에 보내고 나서야 동네 언니들과 함께 독서 모임도 하고 운동도 시작하게 되었다. 그때를 계기로 나만을 위한 시간을 만날 수 있었다.

독서 모임과 운동을 통해 정신적으로나 육체적으로 건강을 되찾으면서 세상을 바라보는 나의 시각이 달라지기 시작했다. 세상은 점점 4차 산업 혁명 시대를 준비해가고 있는데 그동안 나의 세상에는 오로지 아이들밖에 없었다. 내가 이전에 경험했던 방식으로만 아이들을 키우려고 했었고, 내가 알고 있는 세상은 너무 좁았다는 사실을 깨닫게 되었다. 그야말로 우물 안 개구리가 따로 없었다.

육아를 하며 사실 책과는 담을 쌓고 살았었는데 독서 모임을 통해 책에 빠져 읽기 시작하게 되었다. 그때 읽은 책들이 『포노 사피엔스』, 『세계 미래 보고서 2022』, 『에이트』, 『공부머리 독서법』, 『공부에 미친 사람들』, 『내 인생 5년 후』, 『부의 인문학』, 『부모 인문학』, 『1% 유대인의 생각 훈련』, 『아이를 위한 하루 한 줄 인문학』, 『리딩으로 리드하라』, 『리부트』 등이다.

앞의 책들을 통해 인공지능 시대에는 로봇이 인간의 역할을 대체하기 때문에, 기존에 있던 직업은 사라지고 새로운 직업이 나타날 것이라 예측하고 있었다. 그래서 우리 아이들은 인공지능에 대체되지 않을 창의적인 사람이 되도록 키워야겠다고 생각했지만 어떻게 해야 창의적인 사람으로 키울 수 있을지 막연하기만 했다. 실상 인공지능 시대를 받아들일 준비조차 안 됐던 건 아닐까….

하지만 전 세계가 2019년 하반기에 코로나19를 맞이하게 되면서 점차 사람과의 접촉이 힘들게 되었고, 회사와 학교에서는 회의나 수업이 Zoom과 같은 온라인 플랫폼으로 소통하기 시작했으며 유명인이 아니더라도 개인이 유튜브 채널을 통해 1인 미디어 콘텐츠 크리에이터로서 자기만의 경험과 정보를 올리고 가치를 만드는 온라인 시대로 급격히 변화하기 시작했다. 그렇게 세상의 변화에 둔했던 나도 느낄 수 있을 만큼 온라인 세상은 계속해서 발전하고 활성화되기 시작했다.

그렇게 변화되는 이 세상 속에서 난 '이 시대를 이해하기 위해 뭘 어떻게 준비해야 하지?'라는 생각에 김미경의 MKYU 유튜브 채널을 보며 김미경 대표를 내 마음속 롤모델로 삼고, 매일 매 순간 설거지를 하거나 샤워할 때마다 자투리 시간을 활용하며 보고 들었다.

위기가 기회라는 말이 있듯이 오히려 난 코로나19 덕분에 현실을 직시하게 되었고 공부하기 시작했다. 그렇게 나의 성장을 위해 안 해본 일에 도전하겠다고 한 번도 상상해보지 않았던 보험 영업을 우연히 시작하게 되었다. 네 아이를 키우면서 내 시간을 자유롭게 맞출 수 있는 일 중 최선의 선택이었고 나에게 있어서는 정말 큰 도전이었다. 보험 영업에 대해 주변의 많은 편견도 있었지만 나는 이 경험을 통해 경제가 돌아가는 원리를 조금이나마 경험하게 되었고 나에게 있어서는 가장 잊지 못할 배움이기도 했다. 이 일을 시작한 지 6개월 만에 코로나의 시작으로 직격탄을 맞으며 경기가 침체됨에 따라 투잡으로 북 큐레이터도 해보았지만 결국 2년 만에 이직하게 되었다.

그 다음으로 온라인 마케팅을 배우면서 네 아이의 엄마로서 내 아이에게 도움이 되는 일을 하고 싶다는 생각이 떠나질 않았고 내 아이도 키우면서 내 아이와 같이 다음 세대를 위한 일은 뭐가 있을까 찾아보다가 청소년 학습 지도사로 학습 코칭을 배워 일하게 되었다. 그토록 부정했지만 결국 돌고 돌아 결국 교육과 관련된 일을 시작하게 되면서 가르치는 내 삶에 뗄려야 뗄 수 없는 일이라는 것을 깨달았다.

짧은 시간이었지만 오히려 그때의 새로운 경험들이 지금의 나를 있게 한 것이라 말할 수 있을 정도로 삶의 전환인 시간이었다. 그리고 어떤 일이든 삶에서 필요하지 않은 일은 없으며 많은 경험은 결코 언젠가 내 삶에서 다시 쓰이는 날이 온다는 사실을 몸으로 경험하는 중이다.

만약 당신의 삶에 있어서 두려워서 한 번도 시도해 보지 않았던 일은 무엇인가? 신기하게도 그 두려움을 이겨내고 시작해본다면 그 일은 분명 자신을 향한 편견을 바꿔줄 위대한 일이 될 것이다.

왜냐하면 부족하다고 생각했던 나의 결핍은 곧 지금껏 사용하지 않았던 내 안에 있는 숨은 잠재력이기 때문이다. 그만큼 우리는 자신의 성장 가능성을 스스로 차단하며 살아간다. 만약 내가 나를 보는 관점부터 바꿔보면 분명 새로운 삶이 시작될 것이다.

얼마 전까지만 해도 나는 내 자신을 소극적인 사람, 내성적인 사람이라고 생각했던 사람이었다. 하지만 닮고 싶은 한 사람으로 인해 시작된 새로운 도전으로 전혀 다른 나로 변화하게 된 것이다. 그러니 당신도 자신을 일으켜줄 수 있는 한 사람, 닮고 싶은 그 한 사람을 찾기 바란다.

나의 프로필사진
2020년 9월 11일

사람에게서 배우는 것만큼 소중한게 없다.
내가 살고 싶은 미래가 일상이 된 사람
그 사람을 찾아 만나라.

사람이 당신을 당신의 꿈과 미래에
더 가까이 데려다 줄것이다.

내 가슴을 뛰게 하는
즉각적인 자극을 주는 사람을 만나라.

자신의 일로 가슴이 뛰고
서로에게 자극을 주기를 좋아하는 이들과
연결되어 있으면
사람은 빨리 성장하게 돼 있다.

김미경 리부트

#생각을말하다 이혜선

[김미경 대표를 롤 모델로 삼고 나의 미래를 꿈꾸며 적었던 나의 프로필]

4

IB라는 새로운 도전을 향해!

나는 코칭 교육 회사에 근무하며 상담 및 초등학생을 대상으로 논술 수업을 하게 되었고, 남편은 대학에서 오랜 기간 국제 교류 부서에서 근무하다 교육혁신부서에서 대학 교육과정 업무를 담당하고 있다. 우리는 아이들이 커갈수록 평소 아이들 교육에 관한 다양한 대화를 할 수 있었다.

남편은 대학 부설 기관으로 운영하는 WASC(Western Association of Schools and Colleges, 미국 서부 교육위원회) 인증을 받은 국제 학교에서 업무를 했었다. 그렇다 보니 국제학교에 관해 관심이 있었고 국제학교에서 공부하는 학생들의 과정을 들어보니 우리가 배웠던 주입식 교육이 아니라 철저한 규율 아래 학생들이 주도적으로 수업을 준비하고 발표를 중심으로 하는 수업임을 알게 되었다.

그때 우리 부부는 아이들을 남편 학교에서 운영하는 국제학교에 보내고 싶다고 생각은 했지만 아직은 아이들이 어리기도 하고 평범한 가정에서 네 명의 아이를 국제학교에 보내기에는 교육비가 만만치 않기에 일반 공립 학교에 보내고 있었다. 하지만 기존 공교육 체제에서 우리가 원하는 교육 방향을 지키기에는 많은 괴리감을 느낄 수밖에 없었다. 나와 함께 독서 모임을 했던 자녀 교육관이 비슷했던 언니는 자녀 교육을 위해 여러 차례 대안학교를 찾아 옮겨 다니더니 결국 홈스쿨링으로 선택하는 것을 보았다.

이렇게 보이지 않는 곳곳의 가정에서 자녀 교육을 위해 국제학교 및 대안학교, 홈스쿨링을 해야 하나 고민하는 부모들이 많이 생겼다. 특성화 교육이 잘되어 있는 농촌 유학이라 불리는 시골 작은 학교로도 많이 움직이기도 한다. 우리 가정도 아이들의 교육 방향에 대해 고민하고 있을 무렵 간절히 바라면 이루어진다고 하지 않는가!

2021년 12월 말, 제주 서귀포시 표선면 표선고등학교가 제주 최초로 공교육 IB 월드스쿨로 IB DP 인증을 받았다는 기사를 남편을 통해 접하게 되었다. 이 기사를 통해 우리 아이들의 교육을 위한 새로운 길이 열렸다는 것을 직감했다.

우리나라 공교육에 IB를 최초로 도입한 경기 외고가 있지만 경기도라는 지역과 영어로 진행되는 소수의 국제반만 운영되어 우리 아이들이 쉽게 접할 수는 없겠다 싶었는데 IB 프로그램을 공교육 학교에서 한국어로 수업을 한다고 하니 "대박!!"을 외쳤다. 그리고 제주 표선고등학교와 함께 대구 지역에서는 경북 사대부고 외 2개의 학교가 공교육 IB 월드스쿨 인증을 받은 사실도 알게 되었다.

　제주에는 친정엄마도 계시고, 나의 고향, 내가 자란 곳이기도 해서 제주 서귀포시 표선고등학교의 한국어 IB 월드스쿨 인증 기사가 우리 가정에게 좀 더 특별했다. 이 기사를 본 후 우리 부부는 바로 IB(International Baccalaureate)가 무엇인지 더 자세히 찾아보기 시작했다.

　유튜브 〈혼공TV〉를 통해 교육과혁신연구소 이혜정 소장님이 인터뷰한 3시간짜리 영상 세 편을 찾았다. 3년 전만 해도 IB 정보가 전혀 없었기에 한국어 IB에 대해서 알 수 있었던 거의 유일한 영상이었다. 영상을 보고 나니 가슴 뛰는 마음은 이루 말할 수 없었다. 그야말로 우리가 찾고 바라던 교육이었다. 독서와 토론을 중심으로 자신만의 생각을 꺼내고, 자기 주도적인 수업이라는 것을 알고 나니 1년, 아니 하루라도 빨리 아이들의 생각이 굳어지기 전에 움직여야겠다 싶었다.

　IB를 통해 우리 아이들은 앞에서 말한 인공지능에 대체되지 않을 창의적인 사람으로 성장할 수 있는 대안이 될 수 있다고 생각했다. 그 이후로도 교육과혁신연구소 이혜정 소장님의 도서 『IB를 말한다』, 『서울대에서는 누가 A+를 받는가』 이 두 권의 책을 읽으면서 IB에 대해 더욱 확신을 가지게 되었다.

다음 해 2022년 1월, 우리 가정은 바로 제주 서귀포시 표선면 지역을 알아보기 시작했고, 표선초등학교와 표선중학교에서도 IB 후보학교로 IB 인증을 준비한다는 정보를 접하고는 바로 이사 준비를 시작했다. 제주로 이사를 준비하며 주변 지인에게 IB라는 교육이 있다고 소개를 해줘도 제주로 간다고 하니 국제학교로 알거나 관심조차 없었다. 하지만 제주에 가면 IB라는 교육에 대해서 나와 생각이 같은 사람들을 만날 수 있다고 생각하니 두려움보다 기대가 컸다. 더군다나 25년 만에 제주로 다시 간다고 생각하니 인생은 정말 알 수도 없고, 다가올 시간과 새로운 만남을 통해 또 어떤 일들이 일어날지 더 기대가 되었다.

이사를 준비하며 지역 맘 카페를 통해 IB 학교에 관심 있는 엄마들과 소통하고자 글을 올렸다. 근데 그 글에 예상치도 못하게 댓글이 폭발했다. 20명이 넘게 나와 같이 IB를 위해 이주했거나 이주한다는 많은 엄마들의 댓글이 올라왔다. 나와 같은 교육관을 가진 사람들과 소통하고픈 마음에 얼마 뒤 바로 단톡방을 개설했다. 그들은 IB 학교에 대해 너무 궁금해했다. 단톡방은 거의 전국 곳곳에서 이사를 오는 엄마들이 모인 방이어서 제주 현지 정보도 함께 소통할 겸 IB 학교를 위해 이주하는 엄마들의 정보 공유방이 되었다. 그렇게 이사 가기 전부터 우리는 이미 친해지기 시작했다. 역시 엄마들의 소통 능력이란! 정말 대단하지 않은가!

2022년 2월, 드디어 IB라는 새로운 도전을 향해 우리 가정은 제주로 이사를 했다. 이사 준비에서 이사까지 2개월 만에 번갯불에 콩 구워 먹는 듯한 과정이었지만, 어떻게 이렇게 타이밍이 절묘할 수 있을까 싶을 정도로 우리 가정의 이사 과정은 너무나 순조로웠다. 올해 제주로 이사한 지 3년 차에 들어선 우리 가정은 다시 시간을 돌이킨다 해도 같은 선택을 했을 만큼 지금도 여전히 너무 좋은 기회를 선물받았다고 생각한다. 이를 계기로 때론 무모한 도전이 내 인생에 가장 최고의 시간이 될 수도 있다고 생각하게 되었다.

thanksfourmom

지금, 이순간에도
당신의 일자리가 사라지고 있다.

10년뒤,
당신의 자리는 존재하는가!
인공지능을 지배 할 것인가
인공지능에게 지배 당할 것인가!

나는 누구인가!
나는 어떤 장소와 시대에서 살아가고 있는가
나 스스로를 어떻게 표현해야 하는가!
만물은 어떻게 기능하고
세계는 어떻게 움직이고 있는가!
나는 어떻게 스스로를 조직하고,
사회를 체계화 할 수 있는가!
나는 지구에서 다른 생물들,
다른 사람들과 공존하려면 어떻게 해야하는가!

- '에이트' 중에서 -

thanksfourmom .
적어도 3년
5년,10년뒤에 급바뀔 세상
나는 무엇을 하고 있을까!
준비해야한다.
우리의 미래
우리아이들의 미래를 볼 수 있는 시각을!

#생각을말하다이혜선
#에이트이지성
#준비해야할때
2020년 6월 8일

#생각을말하다 이혜선

5

IB 학부모에서
IB 부모 커뮤니티 대표로

2022년 3월. 드디어 IB 후보학교에서의 새 학기가 시작되었다.

단톡방을 통해 나는 2주에 한 번씩 IB 부모 모임을 주도했다. 평균 참석 인원은 10~15명으로 적지 않은 인원수였다.

동병상련일까. IB 학교 초, 중, 고 엄마들의 모임이어서 그런지 자녀 교육에 대해서는 하나를 얘기해도 열 가지 마음이 통하는 만남이었다. 기대했던 것만큼 서로 얘기가 잘 통했다. 이사 오기 전 경험들을 나눠보면 하나같이 주변에서 IB가 뭐냐, 아이비리그냐, 국제학교냐 등등 다들 설명하기 너무 힘들었다고 했다. 하지만 우리 아이들 만큼은 IB를 통해 자기 주도성을 가지고 자기의 생각을 표현하는 아이들로 성장했으면 좋겠다며 자녀들을 향한 마음은 다들 동일했다.

어느새 단톡방에는 주변에 알게 된 사람들도 점점 초대되어 50명을 넘어섰다. 하지만 공교롭게도 시간이 갈수록 아이들의 학교생활은 이제 일상생활이 되어갔고 엄마들에게도 IB 정보보다는 일상생활에 필요한 소통을 원하는 마음으로 나뉘어 갔다.

나 역시 모임을 통해 정말 많은 사람들을 만나기 시작했다. 그리고 모임을 주관하면서 하나의 생각이 같을지라도 많은 사람들이 모이면 결국 그 안에서도 생각이 나뉘는 것을 보면서 이제는 단순한 엄마들의 모임이 아니라 리더로서의 역할에 대해서 다시 생각하게 되었다.

그동안 이렇게 많은 사람들을 만나 본 적도 없었을뿐더러 많은 사람의 마음을 하나로 모으는 일과 상대방의 생각을 존중하고 받아들이는 일도 쉽지 않은 것임을 배워가기 시작했다.

나는 아직도 IB를 모르는 사람들이 더 많이 있고 IB를 경험하는 우리가 더 알아가야 한다고 생각했기에 이 모임은 IB를 중심으로 서로 공부하는 모임이 되기를 바랐다. 그리고 '누군가는 나처럼 IB에 대해 궁금증을 가지고 찾고 있을 텐데…'라는 생각에 IB 프로그램에 대해 정리하고 한국어 IB가 국내에 잘 정착하기를 바라는 마음으로 고심 끝에 결국 단톡방을 폐쇄하고 네이버 카페에 '한국 IB 학교 부모 카페'를 개설하여 부모들의 소통 공간을 새롭게 만들었다.

단톡방에서는 많은 정보들이 일회성으로 사라지기 때문에 아쉬움이 남아 있었는데 카페에서는 학교에서 받은 IB 자료도 올릴 수 있고, 내가 유튜브를 통해 본 IB 영상과 IB 관련 기사 정보들을 올리면 시간이 지나도 사라지지 않을 기록으로 남겨지기 때문에 카페로 옮긴 뒤 누가 시키지 않아도 시간 가는 줄 모르고 나의 열정을 다해 커뮤니티를 만들어가고 있었다. 그렇게 커뮤니티를 시작하면서 IB를 중심으로 IB 부모 모임을 준비했고 이 모임은 IB에 대해서 함께 알아가고, 질문하고, 소통하는 모임으로 방향을 잡아가기 시작했다.

하지만 점점 커뮤니티 운영에 제약이 심해졌다. 자세한 IB 수업 자료에 대해서 카페에 올리는 것 또한 어려웠다. IB 지적 재산권이라는 규제 때문이다. IB를 모르는 부모가 가장 궁금해하는 부분이 그것인데 가장 가려운 부분을 올릴 수 없다는 것이 여전히 아쉬움으로 남는 대목이다. 그래서 IB 수업에 대해서 많은 부분 알 수 없었던 이유이기도 하다.

다행히도 2022년 6월부터 새로운 시·도교육감들의 IB 도입 공약으로 인해 IB가 점점 알려지기 시작했다. 나 또한 IB가 너무 좋아서 홀딱 빠져 있었기에 IB 프로그램에 대해 더 자세히 알고자 온라인에서 진행하는 IB 교사연수도 찾아서 듣고, IB 관련된 도서를 찾아 읽어 보며 공부했다. 커뮤니티에는 대구와 제주의 IB 학교 도입 현황들을 차근히 올리고 아이들의 IB 수업 과정에서 경험했던 것들과 주변 환경 등을 글로 올리며 소소하게 부모들과 소통했다.

IB 프로그램에 대해서 알면 알수록 부모로서 나도 한번 다시 배우고 싶을 정도로 우리 아이들의 변화 가능성을 이미 경험하고 있었기 때문에 IB 프로그램을 통해 우리 아이들이 미래 사회에 탁월한 역량을 키울 수 있는 교육이라 확신을 가질 수 있었다.

초, 중, 고 IB 학생들을 보면 자녀가 어릴수록 IB 수업에 대한 학부모의 만족도가 높았기 때문이다. 특히 표선 지역 초등 부모들은 IB가 다음 세대를 위해 잘 정착하기를 바라는 마음이 점점 커지고 있었다. 같이 IB를 시작한 대구는 점점 더 IB 학교가 확대되어 가는데 제주 IB는 새로운 교육감 취임 이후 잠시 주춤한 상황으로 보였기에 IB 학교에 대한 지원이 끊어질까 불안하기도 했었다. 그러나 다행히도 지역 부모들의 마음이 전달되었던 것일까? IB 학교를 원하는 학부모들의 간곡한 요청이 받아들여져 기존

IB가 도입되었던 표선 지역과 성산 지역의 초등학교에 IB 학교가 추가 확대될 수 있었다.

이 후로도 점점 전국 각지에서 IB를 궁금해하는 부모들이 커뮤니티에 가입하기 시작했고, 위와 같은 현실적인 IB 이야기들을 커뮤니티를 통해 소통하면서 부모들은 제주에 답사를 오니 만나 달라고 쪽지로도 연락이 오기 시작했다.

그렇게 2022년 하반기부터 온·오프라인으로 부모들을 만나 소통하면서 2023년 3월 새 학기를 앞두고 많은 가정이 제주 IB로 이사한다는 소식을 누구보다 빠르게 확인할 수 있었다. 이런 상황들을 보니 제주로 이사한 부모들이 이곳 생활에 좀 더 빠르게 적응할 수 있도록 서로 인사하고, 연락할 수 있는 장을 만들어야겠다고 생각이 되어 자연스럽게 준비하게 되었다. 그 결과 2023년 2월. 제1회 새 학기 제주 IB 부모 모임을 개최했고 제주 IB 학교에 자녀를 보내기 위해 전국 각지에서 50명이 넘는 학부모들과 아이들이 모임에 참석했다.

[2023년 2월. 제1회 새 학기 제주 IB 부모 모임]

　이후로 나는 지역적 한계를 고려하여 IB에 대해 궁금해하는 전국 곳곳에 계시는 부모들에게 도움이 되고자 삼 남매의 IB 경험담과 IB Q&A를 토대로 온라인에서 모임을 진행하기 시작했다. 점점 온·오프라인 모임에 신청자가 많아지면서 한 달에 한 번씩 커뮤니티에서 진행하는 정기 모임 및 온라인 강의를 진행하게 되었다. 지난 2년의 시간 동안 온·오프라인 모임을 통해 많은 부모를 만나면서 나의 시간과 나의 삶은 이제 사 남매의 엄마, 평범한 학부모에서 커뮤니티 대표로서 모임을 이끄는 리더로 변화되고 성장하게 된 것이다.

[IB가 궁금한 부모들을 대상으로 한 온라인 강의]

작년을 시작으로 새 학기에 제주로 이사 온 IB 부모들을 위한 장으로서 2024년 3월에도 제 2회 새 학기 제주 IB 부모 모임을 2차례 진행하여 약 40명의 학부모가 참석했다. 2학기 시작인 9월에도 모임을 할 예정이며 30명 이상의 학부모가 참석할 예정이다.

이렇게 새학기 모임을 주관 하다보니 IB에 많은 부모들이 관심을 갖고 있으며 IB로 자녀를 교육하고자 제주 IB 학교로 많은 가정이 이주하는 현재 상황을 직접적으로 마주하고 있다. 이렇게 매년 3월과 9월은 IB미래교육 커뮤니티의 가장 큰 행사가 되어가고 있다.

[2024년 3월. 제2회 새 학기 제주 IB 부모 모임]

그럼, 이쯤에서 IB를 함께 도입한 대구 IB 소식도 궁금하지 않은가?

실상 제주 현지인도 그렇고 대구도 현지에 살고 계신 분들 중 많은 분들이 IB를 알지 못했다. 내가 제주에 오기 전 주변 반응과 비슷한 분위기였다. 지역적으로 기존 교육 환경에 대한 고정관념이 크기 때문인지 대구의 경우 IB 학교가 제일 많이 확대되고 있음에도 불구하고 내가 커뮤니티를 운영한 지 1년 반 동안에도 대구 현지 반응은 조용했었다.

하지만 2023년 하반기부터 IB가 점점 교육 유튜브 채널을 통해 자주 언급되면서 IB를 알아본 부모들이 커뮤니티에 가입하기 시작했다. 그렇게 오신 분들이 커뮤니티에서 진행하는 온라인 강의를 통해 나와 함께 소통하며 가정 여건상 제주로의 이사가 힘든 가정이나, 도시 생활을 좋아하는 부모들은 조금씩 대구 IB 학교로 알아보고, 대구로도 점차 이사를 했다.

무엇보다 우리 삼 남매의 변화를 가장 가까이에서 지켜본 친언니도 삼 남매의 변화를 누구보다 잘 알기에 IB 학교에 보내고자 제주와 대구를 답사해 보고서 2023년 5월에 서울에서 대구로 이사를 했다. 이로써 두 자매의 자녀들은 공교육 IB 최초 도입 지역인 대구(언니)와 제주(동생)에서 모든 자녀가 IB를 경험하는 중이다. (대구 IB와 제주 IB의 다른 점은 3장에서 더 자세히 알려드리겠다.)

[2024년 3월 제1회 새 학기 대구 IB 부모 모임]

 이렇게 대구에서도 제주와 함께 같은 날인 2024년 3월. 처음으로 많은 관심 속에 2024년 새 학기 대구 IB 부모 모임을 개최하여 약 20명의 학부모가 참석했다. IB 부모 모임은 IB 학교를 보내는 선배 엄마들의 이야기도 들을 수 있으며 외지 생활에 힘을 보탤 수 있는 관계를 형성할 수 있기 때문에 커뮤니티에서는 IB 부모 모임(오프라인)을 강력하게 지원하고 있다.

 오프라인 모임을 지원하는 이유는 IB에 필요한 정보를 공유하기 위해 시작되었지만, "IB에 필요한 사교육은 무엇인가요?"라는 질문보다는 IB의 목표와 철학을 중심으로 부모의 생각을 조율하는 모임이 되어야 한다고 생각한다. 우리 커뮤니티 모임은 기존 경쟁 교육 시스템에서 내 아이가 더 앞서기 바라고, 남보다 빠른 교육 정보를 알아내고자 모이는 것이 아니다. 공교육에서 IB를 선택한 목적과 함께 무엇보다 자녀 교육의 본질이 흔들리지 않고, IB 중심 철학을 아이들 뿐만 아니라 부모도 함께 가정에서도 실천하는 공동체가 되길 바라는 마음으로 모임을 주관하고 있다.

이를 위해 나는 한국 IB 학교 부모 카페에서 2023년 11월, IB 미래교육 커뮤니티로 카페명을 변경하고 다음과 같은 비전과 미션을 세워 운영하고 있다.

IB 미래교육의 비전

질문과 도전으로 성장하며
세상을 보다 살기 좋은 곳으로 만드는 다음 세대

IB 미래교육의 미션

1. 부모 세대를 일깨워 교육 패러다임을 변화시키는 운동을 일으킨다.

2. 다음 세대가 자신의 꿈을 찾고 잠재력을 발휘하여 성장하도록 돕는다.

3. IB를 중심으로 다양하고 유익한 교육 관련 정보, 콘텐츠, 환경을 제공한다.

IB 미래교육의 슬로건

"부모와 자녀가 함께 성장하는 곳"

IB 미래교육 이혜선의 신념

"존재 가치의 본질을 알고 자기다움을 찾아 기여하는 사람들이

이 세상을 의미 있고 가치 있게 변화시킨다."

지난 2년 반 동안 운영해온 IB미래교육 커뮤니티는 현재 약 3,300여 명의 학부모들이 가입했다. 올해 2월부터 학군 입시전문가 심정섭 소장의 특강을 시작으로 5월에는 지상파 방송으로는 처음으로 객관식 상대평가 체제의 수능시험의 문제점을 파헤치고 논서술형 절대평가로의 전환을 제안하며 그 대안의 하나로 IB를 소개하는 MBC 다큐멘터리 〈교실이데아〉 김신완 PD를 초청하여 강의를 진행했다. 이어 6월에는 공교육 IB 프로그램 도입과 확산에 중추적인 역할을 해오고 있는 교육과혁신연구소 이혜정 소장을 초청하여 특강을 열어 IB에 대한 부모들의 궁금증을 해소하는 시간을 가졌다.

이제는 자녀 교육의 본질을 찾고자 하는 열정 가득한 부모들에게 자녀 교육에 도움이 될 만한 교육 콘텐츠를 알리고, 변화하는 AI 시대에 대응할 수 있도록 교육 패러다임을 전환시킬 수 있는 연사들을 초청하여 강의를 계속 진행할 예정이다.

앞에서 얘기한 바와 같이 현재 IB 부모 오프라인 모임은 제주와 대구에서만 진행되고 있다. 이외의 각 지역에서 IB 부모 오프라인 모임을 원하는 가슴 뛰는 누군가가 있다면 지원해 주기를 바란다. 그 시작은 작지만 나중에는 그 지역을 대표하는 IB 부모 모임이 될 것이다. 모임에 참가를 원하는 부모는 정기 모임 공지를 확인하면 된다.

나에게 의미 있는 일을 찾겠다고 시작한 지 5년이 되어 간다. 교사로서 10년, 엄마로서 14년, 지난 2년 반 동안 공교육에 도입된 IB를 알고자 열심히 공부했고 IB 수업을 통해 아이들의 변화를 유심히 관찰하며 IB 학교의 현황과 변화를 학부모로서 가장 가까이서 지켜보았다.

이제는 IB미래교육 대표로서 '우리는 어떤 부모가 되어야 할까?'라는 질문을 늘 생각하며 어떤 내용을 전달해야 할지 늘 고민하고 있다. 그렇다면 내가 IB 부모가 되면서 내가 했던 첫 번째 시도는 무엇이었을까?

IB 학습자상에 비추어 나에 대해서 성찰하고, 내가 하고 싶은 일에 도전하는 것이었다. 제주에서만 느낄 수 있는 자연환경 때문인지는 모르겠지만 다시 고향으로 돌아오니 학창 시절부터 나의 40년의 삶을 직접적으로 마주할 수 있었다. 변화보다 안전한 삶이 최고라 여겼기에 길 하나조차도 잘 모르거나 가보지 않았던 길로는 가지 않았던 내가 '그냥 한번 해보지 뭐! 가보다 아니면 말고!', '하면서 배우자!'라는 생각으로 태도를 가볍게 두었더니 예상치 못했던 일들이 일어나기 시작했고, 그 일들은 정말로 나를 180도 변화하게 만들었다.

시대에 맞는 자녀 교육을 찾아 제주에 와서 누구보다 적극적으로 IB를 알고자 했고, 알고자 했더니 IB가 너무 좋아서 누군가에게 알려주고 있는 몰입한 나를 보게 되었다.

　나로 인하여 누군가에게 도움이 되는 일, 그 사람이 변화되고 성장하는 일이 오히려 나의 기쁨이고 내가 성장하는 일이며 내게 의미 있는 일, 가치 있는 일이었다. 결국 나는 누군가를 가르치는 일, 내가 좋다고 생각하는 것을 알려주는 것이 내가 하고 싶은 일임을 깨달았다.

　커뮤니티를 통해 많은 부모들과 Zoom으로 온라인에서 소통하면서 차근차근 나의 강의력을 쌓아갔고, 내가 좋아하는 일로 2년을 앞만 보고 나아갔더니 지난 6월에는 부산에 있는 IB 관심 학교에서 'IB 교육 공동체로서 학부모의 역할과 기여'라는 주제를 가지고 IB미래교육 대표 강사로 서게 되었다.

　제주에 온 이후 모든 시간, 모든 순간이 나에겐 기적 같다. 아이들의 교육 때문에 왔는데 내가 하고 싶은 일을 찾게 되었고 나의 40대, 나의 일에 확신을 얻으며 오히려 제주는 아이들 때문이 아니라 '나 때문에 온 건가?'라는 생각을 하게 되었다.

[부산 IB 관심학교에서의 강의하는 모습]

아이 넷을 키우면서 현실에 타협하고 싶을 때도 많았지만 지금 이 시대는 내가 좋아하는 것, 내가 잘하는 것, 나의 열정을 쏟아낼 수 있는 것으로 이 세상을 더 이롭게 하고 공동체에 기여 할 수 있는 시대이다.

보다 의미 있는 일에 관심을 가지게 되면서 이렇게 나만의 서사를 만들고 자신만의 새로운 길을 만드는 것이 부모인 나뿐만 아니라 우리 자녀 세대들도 경험해야 할 삶의 방향성임을 깨닫게 되었다. 나의 시간과 나의 경험으로 진정성을 가지고 나의 가치를 알리는 시대가 된 것이다.

제주에 와서 내가 만약 모임을 주도하지도 않았고, 커뮤니티도 시작하지 않았다면 어땠을까? 지금과 같은 일들은 내게 존재하지 않았을 것이다. 그러나 새로운 도전을 했고, 내 인생 최고로 수많은 사람들을 만날 수 있었다. 이 일들을 통해 힘든 시간도 있었지만, 값진 경험을 하며 나의 내면은 더 단단해지고 내 시야와 내가 바라보는 세상은 더욱 넓어졌다.

어떤 일이든 새로운 도전 앞에 시작은 두렵고 떨리지만 이루고 싶은 일 앞에서는 긴 생각보다는 단호한 결심이 필요하다. 그리고 이러한 생각과 마음을 자녀에게 전수해야 한다. '아직 내가 많이 부족해서, 내가 아직 준비되지 않아서'라는 나 자신을 향한 두려운 마음은 거두고 나를 향한 믿음과 나를 필요로 하는 사람을 목표로 두고 나아간다면 우리는 어떤 길이든 새로운 길을 만들어 갈 수 있는 사람이 될 수 있다고 생각한다.

정해진 틀 안에 나를 맞추려 하지 말고 내가 가장 재밌어하는 것, 내가 성장할 수 있는 것을 찾아 나와 마음이 맞는 한 사람을 일으키는 일이면 충분하다. 지극히 평범한 나도 했으니 당신도 할 수 있다.

나의 특별함은 누가 찾아 줄 수 있는 것이 아니라 내 안에서 찾아야 한다. 나를 향한 믿음으로 그 두려움을 극복한다면 그동안 빛을 발하지 못한 자신만의 숨은 보석을 찾을 수 있을 것이다.

그렇게 나는 나의 꿈을 이루며 새 꿈을 향해 계속 도전해 갈 것이다. 나의 자녀들 또한 도전하고 변화하는 나의 모습 보고 자라 엄마 같은 사람이 되고 싶다고 말하는 사 남매가 되길 바란다.

더불어 내가 운영하는 IB미래교육 커뮤니티를 통해 오고 올 수많은 부모들과 자녀들이 성장하고 변화한다고 생각하면 내 마음은 늘 감사와 기대로 채워진다. 항상 초심의 마음을 잃지 않고 우리의 자녀들이 모두 존재로서 사랑받고 존재로서 인정받는 사람이 되길 응원할 것이다.

[4년 전, 내 자신에게 했던 말들을 다시 찾아보다.]

두려워서 한 번도 시도해 보지 않았던

일은 무엇인가?

그 두려움을 이겨내고 시작하면

그 일은 분명 자신에 대한 편견을 바꿔줄

위대한 시작이 될 것이다.

부족하다고 생각했던 나의 결핍은

곧 지금껏 사용하지 않았던

내 안에 있는

숨은 잠재력이기 때문이다.

2장

새로운 시작,
IB 세상 속으로 퐁당

**International
Baccalaureate**

기존 부모 세대인 우리가 배워왔던 교육은

주어진 문제에 누군가가 정해놓은 답을

더 빠르고 정확하게 맞추는 실력을

기르는 교육이지 않았던가?

그러나 이제

이러한 교육 패러다임은 바뀌어야 한다.

1

나 이제 뭐 해?
나 이거 해도 돼?

[표선 해변에서 아빠와 사 남매]

나와 우리 삼 남매의 IB 적응기를 얘기하려면 우선 우리 아이들의 성향
과 기질 그리고 그동안 나의 육아 방식에 대해서 살펴볼 필요가 있다. 그

래서 우리 아이들을 간단하게 소개하며 시작하겠다. 그리고 삼 남매의 IB 이야기는 하나의 케이스일 뿐이며 IB 학교마다 다뤄지는 세부 교과 내용은 다를 수 있음을 참고해 주시길 바란다.

첫째는 자연을 좋아하는 아이이다. 어릴 때 좋은 나무 성품 학교 숲 유치원을 보냈었다. 유치원에서 매일 같이 숲 체험을 하며 자연을 좋아하는 아이였다. 그래서인지 항상 밖으로 나가는 것을 좋아하고, 호기심 많고, 신체활동을 좋아하는 외향적인 딸이다.

둘째는 언니와 같은 유치원을 보냈었지만 첫째와는 다르게 책을 좋아하고 그림 그리기, 요리하는 것을 좋아한다. 낯가림이 심해서 새 학기마다 이 아이의 목소리를 듣고 싶어 궁금해하는 친구들이 있을 정도로 내향적인 딸이다.

셋째는 딸 둘을 섞어놓은 것처럼 신체 활동도 좋아하고, 책도 좋아하고, 곤충에 호기심 많은 전형적인 남자아이지만 애교도 많고, 마음도 여린 내향적인 아들이다.

마지막 넷째는 언니, 오빠가 있다 보니 어디서 그런 말을 배웠는지 못하는 말이 없고, 눈치도 빨라서 상대방의 기분을 상하지 않게 예쁘게 말해주는 요정 같은 아이이다. 자기 물건도 스스로 챙기고, 자기 의사 표현이 확실하고 야무진 외향적인 딸이다.

[전학 당시 2022년 3월 학교 전경 & 최근 2024년 8월 학교 전경]

삼 남매 IB의 첫 시작은 2년 전인 2022년 3월 새 학기부터였다. 각각 5학년, 3학년, 2학년 때 전학을 왔다. 전학 첫날, 아이들이 신이 나서 신발을 벗으며 얘기한다.

"엄마! 여기는 30분이나 중간 놀이가 있어~."
"어떻게 그럴 수 있지?"

전학 오기 전 학교에서는 코로나19로 인해 쉬는 시간이 5분이었다. 그래서 친구들과 대화조차 할 수 없었던 코로나 학교생활을 보냈었는데 전학온 이 학교에서는 30분이나 자유 놀이 시간이 있다는 것이 아이들에게 적지 않은 충격이었다.

[등교 첫날, 운동장에서의 아이들]

호기심 많은 첫째는 친구를 사귀기보다 학교를 둘러보는 하루를 보냈고, 소극적인 둘째는 같이 전학 온 친구와 금세 친해져서 왔으며, 아들도 무난한 첫째 날을 보내고 온 듯했다. 아이들이 학교에서 나눠주는 안내장들을 보며 IB 용어들을 보니 초학문적 주제, 핵심 개념, IB 학습자상, UOI 등등이게 도대체 무슨 말인가 싶었다. 아이들도 생소한 용어들을 익히느라 힘들겠다고 생각했다.

5학년이었던 첫째는 새 학기 2개월 동안 적응하는 게 쉽지 않았다.

무엇이 힘들었을까? 고학년인 만큼 UOI(Unit of Inquiry라는 탐구 활동을 말한다) 주제에 따라 질문을 만들어야 했던 첫째는 정답이 정해진 수업만 하다가 본인이 질문해야 하는 것이 어색했다. 하교 후 학교생활이 어떤지 물어보면 "엄마…. 무슨 말을 어떻게 해야 할지 모르겠어…."라고 말하는 아이를 보니 '아…. 이게 현실이구나.' 싶었다.

돌이켜 나의 교육 방식을 생각해 보았다. 독서 교육이 중요하다고 생각했던 나였지만 아이들에게 질문하는 독서 교육을 가정에서부터 해오지 않았다. 그리고 생활 습관의 전반적인 것을 살펴보니 첫째와 둘째의 행동이 달랐음을 다시 볼 수 있었다.

둘째는 어릴 때부터 옷 입는 것, 먹는 것 등 내 말을 쉽게 따르는 아이가 아니었다. 결국 "그래 너 알아서 해~."라는 포기하는 마음으로 키웠지만, 첫째는 내가 정해주는 대로 그냥 받아들이는 아이였다. 그래서 첫째는 키우기 편했고, 둘째는 매번 나와 씨름을 했던 아이였다. 그런데 IB 학교에 와서 보니 키우기 수월했던 첫째는 수동적인 아이로 보이기 시작했고 자기 고집이 세서 키우기 힘들었던 둘째는 주도적이고 능동적인 아이였다는 것을 알아차리게 된 것이다.

각자 아이들의 성향을 알아차리고 나니 어떤 일을 시작할 때 두 아이의 질문도 다름을 알게 되었다. 첫째 딸은 "엄마, 나 이제 뭐 해?"라고, 물어보지만 둘째 딸은 "엄마, 나 이거 해도 돼?"라고 묻는 것이다.

둘의 질문을 생각해보니 첫째는 자기 계획의 주체자가 엄마였고, 둘째는 자기 계획의 주체자가 본인임을 알 수 있었다. 이렇게 다른 점을 보며 질문의 주체성이 본인에게 있는 아이가 자기 주도성이 있는 아이임을 확실히 가릴 수 있게 되었다.

그동안 내 말을 잘 듣는 첫째 딸은 순하고 편한 아이라 생각했고, 뭐든 자기 뜻대로 하는 아이, 고집이 있는 둘째 딸은 나를 힘들게 하니 예민한 아이라고 생각했는데 다시 생각해 보니 아이가 실수할까 봐, 혹은 아이가 잘 모르니까 내가 불안하지 않고 안심하기 위해서 아이들이 가지고 있는 각각의 기질과 성향을 내가 편한 틀 안에 맞추고자 아이들을 좌지우지하고 있었다는 것을 깨달았다. 그동안 아이들의 다양성을 보지 못하고 아이의 주도성을 무시하고 내가 정한 규칙을 따라오지 않는 아이는 불편하고 예민한 아이라고 생각한 것이다.

IB는 자기 생각을 표현하는 것을 중요하게 생각하는 교육이기에 첫째는 IB 수업을 받으면서 "너는 어떻게 생각해?", "너의 생각이 뭐야?"라고 질문받는 IB 수업이 너무 불편했던 것이다. 주어진 질문에 정답이 있는 것이 편한 아이, 없는 질문을 스스로 만들어 내야 하는 것이 힘든 아이였다. 그래서 이러한 변화에 적응하기까지 6개월 정도 걸린 것 같다. 그럼에도 감사한 건 학교생활은 재밌어 했다는 것이다.

반면 저학년이었던 동생들은 IB 수업을 자연스럽게 받아들이며 학교생활에 잘 적응하는 것을 보면서 IB는 어릴수록 적응이 쉬울 수도 있겠다 싶었다.

만약 아이들의 환경이 변화되지 않았다면 나는 알아차리지 못했을 것이다. 이후부터 나는 아이들의 말과 행동 하나하나에 주목했고, 아이들이 나의 말에 끌려다니지 않고 주도성을 가지고 생각하고 행동할 수 있도록 나의 말과 행동을 변화하려고 노력했다.

②

힘들지만 재밌어!
첫째 이야기

전학 당시 5학년이었던 첫째 딸은 새로운 환경 변화와 맞물려 사춘기가 시작되었다. 어릴 때의 적극적이고 활발했던 모습은 점점 사라지고 다소 말수도 적어지고 부끄러움도 많아지면서 새 학기 적응이 쉽지 않았다.

하지만 IB 수업에 점차 적응되면서 정답만을 말해야 할 것 같아서 말하기 두려워했던 학기 초에 비해 "모르는 건 선생님께 물어보면 돼."라며 질문들을 하기 시작했다. 그리고 긍정적으로 생각이 변화하기 시작했고 눈에 띄게 달라진 건 아이의 얼굴이었다.

"엄마, 벌써 금요일이야~!"라며 이 말을 듣는 순간 시간이 빨리 흘렀다는 건 학교생활이 즐겁다는 표현이 아닐까 생각했다.

5학년 때는 영화를 만들어 영화제를 통해 발표했다. 이름하여 '한빛 영화제'이다. 〈우리들의 블루스〉라는 제목으로 드라마를 오마주하여 '자신들

의 상처를 치유하기 위해 소통하며 극복해 간다'는 이야기를 담은 내용이
었다.

영화를 아이들이 직접 제작하기 위해 시나리오, 촬영, 편집, 자막 등 아
이들끼리 모둠별로 각자 주제를 정하고 역할을 분담하여 평일 방과후는
물론 주말에도 만나서 촬영할 정도로 많은 열정으로 작품을 만들었다.

[우리 자신을 표현하는 방법 5학년 한빛 영화제 - 우리들의 블루스]

6학년이 되어서는 자신의 꿈에 대해 깊이 생각해 보지 않았던 아이는 스
스로 자신의 책상에 자기 자신을 중심으로 마인드맵을 그려 놓기도 했다.

그리고 '우리 모두의 지구'라는 초학문적 주제를 통해 국가 간의 분쟁을 통해 국가는 어떠한 갈등을 겪는지 탐구하고 '갈등과 평화가 인간의 삶에 미치는 영향'에 대해 자기 생각과 근거를 쓰는 첫째를 보며 IB 수업이 힘들어도 포기하지 않고 더 잘하려고 애쓰는 모습을 확인할 수 있었다.

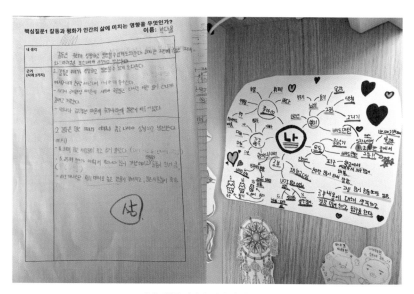

[탐구활동 평가지 & '나' 마인드 맵]

마지막 PYP의 꽃인 6학년 졸업 발표회를 경험하면서 더 큰 성장을 보였다. 평소에는 관심이 없었던 '문학'이라는 주제를 새롭게 도전해 보겠다며 친구들과 함께 탐구해 보기로 한 것이다.

문학의 중요성을 조사하면서 '문학은 사람들의 편견을 바꾼다고 생각하는지요?', '문학을 읽고 나서 생긴 자신의 편견을 나눠주세요.' 등 문학을 통해 삶에 영향을 받은 사례들이 있는지를 묻는 설문조사를 진행하고 그 결과를 발표에 담아냈다.

2년의 시간 동안 동생들보다 늦게 접한 만큼 마음고생을 한 첫째의 발표 모습은 그저 감동이었다. 졸업 발표회가 끝나고 나서야 "엄마, 이제 UOI 가 무엇인지 알 것 같아…."라고 얘기하는 첫째였다.

한 가지 주제를 깊이 탐구하면서 이제야 IB 수업이 어떤 것인지 IB의 맛 을 알게 된 계기가 되었던 것 같다. 6학년 때의 IB 수업이 힘들 때도 있었 지만 정말 재밌기도 했다며 올해 중학교에 입학한 첫째는 아직도 6학년 때 를 좋은 기억으로 추억하고 있다.

[6학년 Exhibition 우리 자신을 표현하는 방법 - 주제 : 문학]

[첫째의 작품 : 다연이의 환경보호 대작전 / 문학에 대한 설문조사지]

그리고 첫째는 놀랍게도 학교에서 진행한 2년에 걸친 다중지능 검사를 통해 큰 변화를 발견했다. 5학년 12월에 검사를 진행한 결과 약점 지능 1위였던 자기이해지능이 6학년 9월에 검사를 진행한 결과에서는 강점 지능 1위로 성장했음을 발견한 것이다. IB 수업을 통해 친구들과 피드백하고, 자기를 성찰함으로써 자기이해지능이 강점 능력으로 성장했음을 확인할 수 있었다. 이것이야말로 첫째 딸이 IB로 인해 얻은 가장 큰 변화이자 성장이 아닐까 싶다.

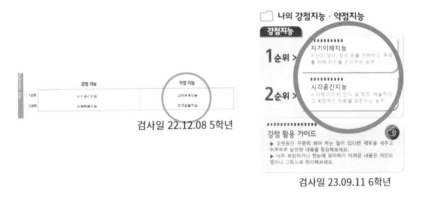

[2년간 학교에서 실시한 다중지능검사 결과지]

3

물 만난 물고기가 된
둘째 이야기

평소 밖에서 낯가림이 심했던 둘째 딸은 전학 후 삼 남매 중에 제일 큰 변화를 보였다. 자기표현이 제일 어려운 아이였는데 이게 무슨 일인가! UOI가 제일 재밌다며 물 만난 물고기로 변한 것이다.

IB 수업에서는 발표가 빠지지 않는다. 이것이 IB 수업의 환경이기 때문에 누구 한 명 손 들지 않는 사람, 발표 안 하는 사람 없이 모두가 해야 한다. 내성적인 아이여서 발표를 힘들어할 줄 알았는데 둘째는 작은 목소리지만 용기를 내어 발표를 하기 시작했고 계속해서 친구들의 피드백을 받아야 했다. "목소리를 좀 더 크게 해주면 좋겠어."라는 피드백을 통해 자신을 성찰함으로써 1년 동안 자신 없던 작은 목소리를 크게 해야겠다는 목표를 세우고 변화하고자 노력했다.

그 결과 3학년 2학기 말에는 부반장 선거에 나가서 부반장이 될 정도로 자존감이 많이 올라온 아이가 되었다. 반장도 아니고 부반장 가지고 그러냐 하겠지만 어릴 때부터 타인 앞에서는 말을 잘 안 할 정도로 극 내향형인 아이였기에 부반장이 된다는 건 상상조차 할 수 없는 모습이었다. 그래서 가장 크게 변화된 모습으로 다가왔다.

2013년생 자녀를 둔 부모라면 누구나 공감할 코로나 입학생으로 1학년 때부터 마스크를 쓰고 5월에 입학한 아이였다. 어떻게 보면 2학년 때까지 친구와 학교에서 제대로 된 교우 관계를 경험한 적 없는 학년이기도 하다. 그것이 시작이었을까? 그런 아이가 제주에 와서 친구와 관계를 맺고, 친구들과 조사하고 탐구하고 협력하며 수업의 결과물을 발표하는 IB 수업에 적극적으로 참여하면서 학년이 올라갈 때마다 조금씩 성장하는 모습을 보여주었다.

[우리 자신을 표현하는 방법 3학년 - 나의 작품 전시회]

IB 학교에 와서 학부모로서 처음 공개수업을 참관했던 날이었다. 둘째는 수업 시간에 자신에게 있었던 추억들을 그림, 만화, 시, 만들기 등의 작품으로 표현하는 활동을 했다. 그 결과물을 가지고 작가가 되어 자신의 작품 의도를 설명하며 낯선 사람들 앞에서 발표하는 모습에서 내향적인 아이여도 IB 수업을 통해 이렇게 변화할 수 있다는 것을 알게 되었다.

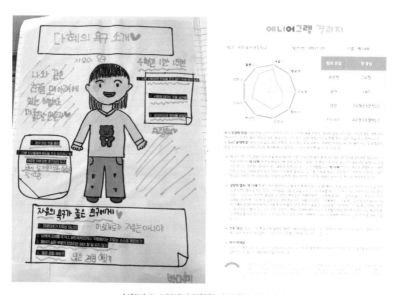

[4학년 IB 수업에서 진행한 나의 욕구 알아가기]

4학년 때의 인상적인 IB 수업은 개인과 개인 간의 갈등을 다루는 주제를 탐구했던 부분이다. 아이들은 개인 간의 갈등을 해결하기 위해서는 먼저 자신을 알고 이해한 뒤, 타인을 이해함으로써 갈등을 해결할 수 있다는 내용을 탐구한다. (이는 6학년 수업에서 국가와 국가 사이의 갈등과 해결을 배우는 것으로 이어진다.)

둘째는 개인 간 갈등을 해결하는 탐구를 위해 자신이 어떤 욕구를 추구하는지 학교에서 에니어그램 검사를 진행하였다. 그 결과를 통해 자신은 '자유의 욕구'가 강함을 이해하고, 더불어 다른 친구들은 안전, 행복, 사랑의 욕구 등 서로의 욕구가 다양하다는 것을 알게 되었다. 친구 사이에 갈등이 일어날 때 서로 다른 욕구의 충돌로 갈등이 발생할 수 있으며, 그럴 때 서로의 욕구를 알고 이를 조정함으로써 갈등을 해결할 수 있는 방법을 배워간다. 이렇게 서로의 욕구를 알면 사람 사이의 갈등 원인을 줄여 나갈 수 있다는 것을 수업을 통해 배우며 문제 해결력을 키워갈 수 있음을 알 수 있었다.

5학년 때는 전체 학생들이 4~5명 모여 하나의 영화를 만든다. 올해는 2년 전 첫째가 했을 때보다 좀 더 업그레이드된 2024 한빛 영화제를 볼 수 있었다.

시나리오, 연극, 촬영, 편집 등 모둠별로 각자의 색깔에 맞게 영화를 만들고, 포스터도 만들어서 영화제를 홍보한다. 한 여름밤에 지역 주민들과 학부모들은 이 학교 영화제에 참석한다. 둘째의 조에서 만든 영화는 친구와의 사이에서 괴롭힘을 겪고 화해하는 내용을 표현하였다. 5학년의 영화제나 6학년의 졸업 발표회는 부모가 IB를 통해 아이들의 성장을 직접적으로 경험하고 확인할 수 있는 IB 월드스쿨의 자랑이자 축제의 날이다.

[우리 자신을 표현하는 방법 5학년 한빛 영화제-A FRIEND OF THE TWIST]

[학생들이 직접 만든 영화 포스터와 안내지]

[둘째의 환경 동아리 활동 사진들]

이렇게 5학년이 된 지금은 전교 부회장 선거에도 나갈 정도로 이전 모습은 상상할 수도 없으며, 집에서도 저녁 식사 시간에 탐구 활동한 내용을 부모에게 역으로 질문하는 아이로 변화하고 있다. 더불어 다양한 동아리 활동에도 적극적으로 참여하는 아이로 성장한 것이다.

"넌 IB 학교에 안 왔으면 어쩔 뻔했냐~."라는 말이 나올 정도로 IB 학습 자상에 있는 '도전하는 사람', '탐구하는 사람'의 역량을 마음껏 발휘해 가고 있다.

④

늦으면 좀 어때!
셋째 이야기

　마지막으로 셋째 아들은 앞에서 얘기한 것과 같이 또래보다 생일이 늦어(12월생) 친구들과 1년이 차이 나는 아이이다. 그래서 친구들에 비해 다소 학습 이해력이 부족했던 아이는 1학년 2학기가 되니 친구들과 비교되는 자신을 보고 자존감이 급격히 낮은 상태에 이르렀었다.

　전학 후에도 기초 학력이 부족한 상황이었지만 세심하게 관찰해 주신 담임 선생님 덕분에 아들의 다른 문제점을 파악할 수 있었다. 다름 아닌 난독증이 있었던 것이었다. 그동안 왜 그리도 한글이 늘지 않았었는지 단순히 '생일이 늦어서'라고만 생각했는데 아니었던 것이다.

　난독증 검사를 하게 되면서 ADHD 검사도 진행했으면 좋겠다는 선생님의 의견에 나는 당연히 검사를 진행하겠다고 했다. 아들을 위해서도 적절한 검사와 판단이 필요하다고 생각했기 때문이다. 그렇게 학교에서 지원이 되어 검사를 진행한 결과 ADHD로 확인되었다.

막상 진단을 받고 나니 마음은 좋지 않았다. 감정 조절과 집중이 힘든 아이를 보면 순간순간마다 힘든 감정이 밀려오기도 한다. 그럼에도 아들을 이해하기 위해서는 담임 선생님도 알아야 한다고 생각했기에 나는 새 학기 때마다 아들의 상황을 담임 선생님께 꼭 말씀드린다. 있는 사실을 숨기는 건 절대로 아이를 위한 것이 아니기 때문에 이런 사실이 있다면 교사에게 전달해주는 것이 좋다고 생각한다.

왜냐하면 정확한 진단을 받고, 아이의 행동에 대한 이유를 알고 나면 '얘는 왜 이러지?' 하는 이해되지 않았던 일들이 이해되고, 아이의 행동이나 학습 이해 속도를 좀 더 받아들일 수 있기 때문에 아이를 비난하거나 비교하지 않을 수 있다. 만약 학교에서 담임 선생님께서 검사를 받아보는 것을 얘기하신다면 꼭 검사받는 것을 추천한다. 다양한 학생들을 대하는 교사가 때론 부모보다 자녀를 더 객관적으로 바라볼 수 있기 때문이다.

그렇다면 셋째는 IB 수업을 잘 따라갈까? 내 대답은 Yes다.

오히려 더 좋고 감사할 따름이다. IB 수업은 앞서 얘기한 것처럼 아이들의 속도를 기다려주기도 하며 정말 아이의 장점을 볼 수 있도록 해 준다는 것을 알 수 있기 때문이다.

학급에서 아이의 장점을 선생님뿐만 아니라 반 친구들도 서로의 장점을 말해준다. 저학년의 반 분위기가 그렇다. 칭찬은 고래도 춤추게 한다는 말이 있듯이 선생님과 친구들에게 칭찬을 먹고 자라서 점점 자신감을 얻기 시작했다. 3학년이 되어서 클라이밍을 잘하는 친구, 그림 잘 그리는 친구라는 별명을 얻게 되어 아들 또한 자존감이 많이 회복됐음을 알 수 있었다.

자신만의 강점이 있다는 것을 알려주는 것은 서로에게 얼마나 좋은 영향력을 미칠 수 있는 재능이란 말인가! 저학년 아이들인 만큼 아이들의 눈높이에 맞춰 친구들끼리 서로의 강점을 발견해주는 IB 교실 현장이 너무 감동이었고 담임 선생님의 아이를 향한 세밀한 관찰과 아이가 마음이 힘들 때도 경청해주는 선생님께 감사할 따름이다.

[우리 모두의 지구 - 2학년 그리스의 문화 /
우리 자신을 표현하는 방법 - 3학년 예술 작품 전시회]

아들은 표현하는 것에 있어서는 아직은 미숙한 부분이 있지만 관심 있는 내용이 탐구 주제로 나오면 주도성을 보이며 누구보다 열심히 질문하고 탐구한다는 것이 선생님의 의견이다. 이제는 친구보다 자신이 못한다고 주눅이 들었던 1학년 때의 모습은 찾아볼 수가 없다.

누구나 잘하는 것이 있고, 못하는 것이 있을 수 있다. 자신의 부족함보다 할 수 있는 것에 집중하고 성취감을 느끼면 내면이 단단한 아이로 성장할 수 있음을 아들의 변화를 통해 더욱 깨달았다.

이렇게 셋째도 매년 성장하는 모습을 확인하고 있으며 즐겁게 학교생활을 이어가는 중이다. 물론 잘하는 아이와 이해 속도 면에서 차이는 날 수 있지만 아직 초등 4학년이기 때문에 평가라 할 것 없어 학습에 대한 부담이 아직은 덜하다. 이전 학교였다면 상상도 할 수 없는 일이었다.

아들에게는 늘 안쓰러운 마음이 있지만 아이가 주눅 들지 않고 학교생활을 즐겁게 할 수 있다는 것에 감사할 따름이다. 부모로서 늦어도 괜찮다고 말해주며 아이의 속도를 인정해 주고 자기 자신에 대해 긍정적인 사고를 할 수 있도록 가정에서도 노력하고 있는 중이다.

넷째인 막내는 올해 유치원생으로 내년에 초등학교에 입학한다. 초등 1학년부터 PYP를 시작하는 막내의 행보가 기대된다.

IB는 이렇게 달라요

틀려도 괜찮아

전학 후 학기 초에 "정답을 말해야 할 것 같아서 무슨 말을 해야 할지 모르겠어."라고 힘들어 했던 첫째 딸에게 담임 선생님은 "아무 말이라도 괜찮아, 틀려도 괜찮아, 네 생각을 자신 있게 표현해봐."라고 말씀해주셨다는 것을 선생님과의 상담을 통해 알게 되었다.

물론 IB 학교 선생님께서는 주제에서 너무 벗어나거나 잘못된 개념은 바로잡아 주시겠지만 학생들이 자유롭게 생각하고 표현할 수 있도록 생각의 방향을 열어준다는 느낌을 받았다. 그래서 그런지 첫째 딸은 "전학을 와서 내 생각을 말하는 것이 처음에는 어려웠는데 계속하다 보니 선생님께 질문하는 것이 어색하지 않고, 틀릴까 봐 걱정되는 부담도 줄어들고 있어."라고 말했다.

부모의 학창 시절 때에는 수업 시간에 손 들어 질문하고 대답하는 것이 튀는 행동으로 보이거나 잘난척하는 모습으로 오해되곤 했었다. 하지만 IB 수업에서는 탐구 수업이나 모둠 활동 시 학생들이 서로의 생각이 다를 수 있음을 인정해주고, 서로의 의견을 존중하며 받아들이는 태도를 배우게 되며 이는 IB 교실의 학습 문화로 형성된다. 이러한 IB PYP 학교의 수업 특징을 살펴볼 수 있는 방송이 2023년 12월 〈EBS 클래스업 교실을 깨워라〉 프로그램을 통해 방영되었다.

"예전에 다니던 학교보다 자기의 역할을 많이 정해요."
"친구의 잘못된 얘기에도 서로 놀리지 않고 격려해 줘요."

자기 주도성을 깨우는 수업으로서의 IB, 생각의 씨앗을 키우는 IB 수업 교실은 EBS 방송을 통해 확인할 수 있다.

[EBS클래스 업 교실을 깨워라 대구 사대부초, 제주 표선초]

💡 EBS 클래스 업 교실을 깨워라 IB PYP 교실편 다시보기

자기 주도성을 깨우는 수업 IB	생각의 씨앗을 키워라! IB
https://bit.ly/3MsNA1o	https://bit.ly/3Xthh8L

[인터넷 주소 입력 또는 QR코드 스캔 후 - 링크 열기하면 Youtube 시청가능]

역시 IB는 창의적이야

아이들이 경험한 IB 수업 이야기이다. 어느 날, 갑자기 교실에 전기 공사를 해야 한다며 교실을 비워 달라는 요청이 들어왔다. 그래서 아이들은 옆 반 교실 바닥에서 수업을 들어야 했고, 소독을 해야 한다며 또 다른 교실로 계속 이동해야 했다.

학생들은 점점 불평하기도 하고, 한편으로는 재밌다고 생각하기도 했다. 그렇게 학생들은 예상치 못한 이동 수업을 체험하게 된 것이다. 그런데 이게 웬일인가! 나중에 알고 보니, 이 모든 것이 동물들의 서식지와 생활 방식을 배우기 위한 수업의 일부이었던 것이다.

아이들의 이야기를 듣고 '역시 IB 수업이다!'라는 말이 절로 나왔다. 책을 펴고, 칠판을 바라보며 동물의 서식지를 이론적으로 배우는 수업이 아니라 주변의 상황을 활용해서 아이들의 궁금증과 탐구심을 유발하는 수업

이라니! 너무 새롭고 신선하지 않은가? 이렇게 호기심을 유발하는 창의적인 수업을 통해 아이들은 유연한 사고와 새로운 관점을 교실에서 배운다는 것을 알게 되었다.

이에 더 나아가 아이들은 교과서 순서대로 수업을 받지 않고, 초학문적 주제를 중심으로 여러 과목의 내용을 융합한 수업을 받는다. 이렇게 IB 학생들은 어릴 때부터 다양한 주제를 가지고 생각할 수 있는 기초 훈련을 배우는 셈이다. 이는 IB 중고등학교 과정으로 이어지며 자신만의 "왜?"라는 질문으로 시작해서 문제를 새롭게 정의하고 창의적으로 문제를 해결할 수 있는 역량을 갖춘 평생 학습자로 자라나게 된다.

기존 부모 세대인 우리가 배워왔던 교육은 주어진 문제에 누군가가 정해놓은 답을 더 빠르고 정확하게 맞추는 실력을 기르는 교육이지 않았던가? 그러나 이제는 AI의 등장으로 이러한 교육 패러다임은 바뀌어야 한다.

IB 수업의 현장처럼 가정에서도 아이들의 호기심을 유발할 수 있도록 궁금한 상황을 만들어 주고 '왜 이렇게 되는지', '왜 그래야 하는지'를 자녀들이 스스로 생각하고 질문을 꺼낼 수 있도록 평소 아이들과의 일상 속 대화에서부터 생각을 열어주는 질문을 하는 것이 부모의 역할이라 생각한다.

모국어로 배우는 IB

포노 사피엔스로 태어나 각종 스마트 기기와 영상에 익숙한 요즘 아이들이 문장을 읽고 그 뜻을 이해하는 능력인 문해력이 갈수록 떨어지고 있다는 것은 대부분이 알고 있는 사실이다. 언젠가 영어 문장의 뜻을 한국어로 번역해도 문해력이 부족해 아이들이 이해 못하는 상황의 교실 수업 장면을 EBS 방송에서 본 적이 있다.

방송에서는 영어 시간임에도 문해력이 떨어지는 아이들로 인해 영어 시간인지 국어 시간인지 헷갈릴 만큼 영어 교사가 아이들에게 한글 단어의 뜻을 해석해 주느라 진땀을 빼는 장면이 나온다.

이런 아이들이 교실에 앉아 자신의 생각을 말과 글로 정리해 표현한다고 상상해 보자. 수업 내용의 이해를 떠나 얼마나 쉽지 않은 일이겠는가? IB를 떠나 아이들의 문해력이 학습 성취를 좌우하는 중요한 요소로 부각되는 이유가 여기에 있다.

그렇다면 영어로 배우는 IB에 비해 모국어인 한국어로 배우는 IB가 갖는 의미와 장점은 무엇일까?

현재 대구와 제주의 고등학교에서 월드스쿨로 인증받아 IB DP(디플로마 프로그램)를 운영하는 학교들은 학생들에게 한국어와 영어로 과목을 가르치고 있다. 이를 DLDP(Dual Language Diploma Program, 이중언어 디플로마) 과정이라고 한다. (이는 3장에서 보다 자세히 소개하겠다.) 이것은 한국어가 IB의 공식적인 교수 언어로서 인정되어 협약을 맺었기에 가능한 일이었다.

현재 공교육에 도입된 IB 프로그램으로 학생들은 모국어로 수업을 배우게 된다. 특히, 고등학교 DP(디플로마) 과정의 학생들은 영어로 진행되는 두 과목을 제외하고 수업과 평가 모두 한국어로 배우며 시험에 응시하고 평가를 받을 수 있다. 그 결과를 공식적으로 인정 받아 외국어 실력으로 인해 불리한 평가를 받을 수 있다는 우려가 줄어들게 된다.

깊은 사고력은 모국어를 통해 학습할 때 가장 잘 개발되기 때문에 무엇보다 학생들은 외국어 실력에 대한 큰 스트레스 없이 한국어로 IB 프로그램을 이수할 수 있다. 더 나아가 모국어인 한국어로 자기 생각을 말하고 표현하는 것이 영어로 하는 것보다 더 깊은 사고를 훈련하고 표현할 수 있다는 부분이 큰 장점이라고 생각한다.

나의 다름이 강점으로

삼 남매의 담임 선생님과 상담을 통해 IB 학교 선생님들이 아이들을 바라보는 관점이 다르다는 것을 알게 되었다. 선생님은 "친구들은 대부분 이렇게 표현하는데, ~는 다르게 표현하더라고요. 그런데 저는 그것이 더 인상 깊었어요."라고 말씀하셨다. 다름을 틀린 것이 아니라 강점으로 여겨주시는 선생님이었다.

친구들 또한 "선생님! 이 친구는 그림을 잘 그리고, 저 친구는 조사를 잘해요. 너 정말 대단하다!"라는 식으로, 서로의 장점을 인정하며 나누는 긍정적인 대화가 인상적이었다. 3학년 아들과의 상담에서, 그는 친구들이 서로의 장점을 살리며 프로젝트를 완성해 간다고 했다.

비판적 사고와 긍정적 사고는 각자의 다름을 인정하고, 잘하는 것을 질투나 자랑으로 여기지 않고 친구의 장점으로 받아들이고 표현하는 말에서 시작된다는 것을 상담을 통해 확인했다.

이를 통해 아이들의 자존감은 학교에서 날마다 성장하고 있다는 확신이 들었다. 이런 내면을 살리는 말들은 학교뿐만 아니라 가정에서도 함께 연계되어야 한다고 생각한다. 이를 위해 가정에서도 아이를 잘 관찰해 작은 성장과 노력의 과정을 잘 살펴보고자 하는 습관이 생겼다. 아이의 성장을 인정해 주고, 남들과 다른 점을 강점으로 바라보고 표현해 주는 것이 부모로서 학교 선생님과 같이 아이들의 자존감을 채우는 방법이 아닐까 싶다.

아이들의 호기심을 유발할 수 있도록

궁금한 상황을 만들어 주고

'왜 이렇게 되는지', '왜 그래야 하는지'

스스로 생각하고 질문을 꺼낼 수 있게

일상 속 대화에서부터 생각을 열어주는

질문을 하는 것이 부모의 역할이라 생각한다.

3장

IB,
넌 대체 누구니

**International
Baccalaureate**

갈대처럼 마음과 생각이

흔들리지 않으려면

나는 부모로서 자녀를 위해

어떤 교육 철학을 가지고

자녀를 양육할 것인지

고민하는 시간을 통해

뿌리를 튼튼하게 세워야 한다.

1

IB 프로그램이란 무엇일까

IB(International Baccalaureate, 국제바칼로레아)의 시작은 스위스 제네바 국제학교에서 출발한다. 2차 세계대전 이후 창설된 UN 주재원들의 자녀들이 다니던 학교에서 주재원 출신 국가마다 상이한 대입 시험으로 이를 제대로 준비할 수 없었다. 이에 국제적으로 인정 가능한 공인 교육과정의 개발이 필요했다. 그 결과 세계 어느 나라에서도 인정받을 수 있는 국제 공인 대입 시험 및 교육 프로그램으로 IB가 개발된 것이다.

이러한 IB의 개발 유래로 인해 IB는 글로벌 관점과 함께 각 나라의 지역적 특성을 강조하는 교육 체계를 갖고 있다. 또한 학습자 주도성을 최우선에 두고 '탐구—행동—성찰'로 이루어지는 과정을 통해 현대 사회가 요구하는 학습자의 역량을 지속적으로 성장시킬 수 있도록 프로그램이 진화해 오고 있다. 학습자의 주체성, 개념기반 학습 및 역량 중심 교육과정, 배우는 방법을 강조하는 학습 접근 방법(Approach to Learning), 논서술형 기반 평가 및 절대평가, 프로젝트 기반 수업(Project based Learning)

등이 IB 프로그램의 주요 특성으로 자리잡고 있다.

 IB 프로그램 중 가장 먼저 개발된 것은 1968년에 대학 입학을 위한 학위 프로그램인 IB DP(Diploma Programme)이다. 이를 기반으로 순차적으로 1994년에 중등교육 프로그램인 MYP(Middle Years Programme)와 1997년에 초등교육 프로그램인 PYP(Primary Years Programme)가 도입되었다. 가장 최근인 2012년에 직업고등학교 프로그램인 IB CP(Career-related Programme)가 도입되어 운영되고 있으며, 최초에는 UN 산하기구인 UNESCO에서 개발 및 운영을 주관하다 이후 독립된 비영리교육재단인 IBO(International Baccalaureate Organization, 국제바칼로레아기구, 이하 IBO)에서 현재까지 IB를 운영해 오는 것으로 알려져 있다.

 IBO를 통해 공개된 자료를 보면 IB DP가 도입된 1968년부터 2024년 현재까지 전 세계 약 160개 국가에서 약 8,300여 개가 넘는 IB 월드스쿨(인증학교)이 있으며 IB DP를 입학 성적으로 인정하는 전 세계 대학의 숫자 역시 약 3,300여 개 정도 된다고 한다.

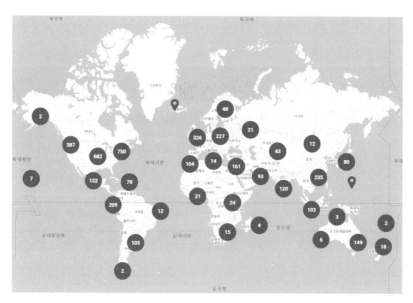

[전 세계 IB 월드스쿨, 출처 : IBO 홈페이지]

IB의 역사 및 현황이 더 궁금하신 분들은 IBO 홈페이지에 'The history of the IB'라는 프리젠테이션 자료가 있다. 여기에 IB의 출발부터 현재까지 IB 프로그램에 영향을 끼친 교육학자와 각 프로그램의 개발 역사가 상세히 정리되어 있어 IB의 역사가 궁금하신 독자께서는 이를 참조해 보시기 바란다.

IB는 UN 산하 국제학교 프로그램으로 시작되었기에 UN의 공식 언어인 영어, 프랑스어, 스페인어 세 가지 언어로만 교육이 진행되었다. 그렇기에 2011년 당시 경기외고(우리나라 공교육에서 IB를 최초로 도입) 국제

반 IB DP 과정도 영어로 진행되는 과정이었다.

단계	학교	연령	교수언어	주요 교육내용 (프로그램 시작연도)
PYP (Primary Years Program)	유/초	3~12	자국어	6개교과군 및 프로젝트 (1997)
MYP (Middle Years Program)	중	11~16	자국어	8개교과군 및 프로젝트 (1994)
DP (Diploma Program)	고	16~19	IB공식언어 (영,프,스)	6개교과군 및 핵심과정 (1968)
CP (Career-related Program)	고 (진로/직업)	16~19		2개 이상 DP과목 및 CP Core(2012)

[출처 : IBO홈페이지 및 교육청(대구, 제주) 누리집 자료 편집]

현재 우리나라의 공교육 고등학교에서 월드스쿨로 인증받은 학교들이 운영하는 IB DP 프로그램은 IB 공식 교수 언어 중 하나인 영어와 한국어로 과목을 배우는 것이며 이를 DLDP(Dual Language Diploma Program, 이중언어 디플로마)과정이라고 한다.

IB가 한국어화하여 우리 공교육에 도입된 역사를 간단히 살펴보자. IBO에서 기존 3가지 언어 이외에 다른 언어로 교수 언어를 확장한 것은 독일어, 일본어 그 다음이 한국어라고 한다. 국제교육 프로그램인 IB의 교수 언어에 있어서 우리 한국어를 전 세계 언어 가운데 6번째 공식 언어로 도입하는 것은 IBO에서도 많은 준비와 투자가 필요한 쉽지 않은 일이었다고 한다.

4차 산업혁명 시대를 맞이하며 살아가야 하는 우리의 다음 세대에게 시대가 요구하는 역량을 기를 수 있는 교육은 무엇인지 교육계에서 논의되어 오던 중 시대가 요구하는 역량을 기르기 위한 '교육과정–수업–평가'가 일체성을 갖고 논서술형 절대평가 제도가 시스템적으로 안정화되어 운영되고 있는 IB를 한국어화하여 국내 공교육에 시범 도입하자는 제안이 2017년『대한민국의 시험(이혜정 저)』이라는 책을 통해 제안되었다. 이후, 몇몇 교육 당국에서 이에 관심과 관련 연구를 진행하다 대구와 제주에서 국내 공교육에 시범 도입을 추진하게 되었다고 한다.

이러한 IB 프로그램의 한국어화 도입 추진 결정에는 IB를 시대에 대응하는 역량을 기를 수 있는 공교육 혁신의 마중물로서 도입하고자 했던 제주와 대구 지역 두 교육 수장의 의지가 있었다.

더불어 2018년 5월 싱가포르에서 개최된 북미 1차 정상회담을 계기로 한반도가 전 세계의 주목을 받던 역사적인 시기에 IB 한국어화 추진단에서 IBO 이사진에게 다음과 같은 내용을 중심으로 설득한 게 주효했다고 한다. "IBO가 추구하는 가치인 '보다 나은 평화로운 세계를 만드는 데 기여할 수 있는 세계 시민 양성'의 씨앗을 한반도에 심는 것이 IBO가 추구하는 세계 평화의 가치를 실현하는 것이 아닐까요?" (출처: 이혜정 「한국의 IB 도입 역사와 향후 전망」, 제1회 한국 IB교육 학회지, 2024).

한반도의 평화를 위해 역사상 최초로 이루어진 북미 정상 간의 만남이

비록 가시적인 성과를 내지는 못했지만, 그 움직임이 나비효과를 일으켜 국내 공교육의 변화를 일으키고 있는 바람이 되고 있다는 사실은 IB 한국어화를 통한 공교육 혁신에 마중물이 되는 실로 드라마틱한 과정이 아닐 수 없다.

이렇게 공교육에 도입된 IB는 우리나라 국가교육과정과 연계되어, 내가 살고 있는 로컬의 이슈를 로컬의 관점 뿐 아니라 글로벌한 관점에서도 이해할 수 있도록, 세계적 맥락 속에서 아이들이 탐구하고 서로 함께 배우고 성장하게 만드는 교육프로그램이다.

이를 통해 한국인의 정체성을 갖고 나와 다름을 틀림으로 보지 않는 세계시민으로 자라나 세계 평화에 기여할 수 있는 국제적인 마음을 교실에서 배워간다. 그것이 현재 우리 공교육에서 진행되는 IB에서 매우 중요하게 여기는 가치 중 하나이다. 그러므로 IB 프로그램의 근간이 되는 사명선언문과 교육목표 그리고 학습자상을 살펴봄으로써 IB 프로그램의 핵심을 이루는 교육철학을 함께 알아 보았으면 한다.

더 나은 세상을 위한 교육은 무엇일까? 이에 대해 IB의 사명선언문은 나와 다름이 있는 사람들에 대해 그의 생각이나 의견이 다르다고 틀림으로 보는 것이 아니라 옳을 수도 있다는 유연한 사고와 관점을 가진 평생 학습자로 길러내는 것을 교육이 지향해야 할 방향으로 삼고 있다.

IB의 **사명선언문**

IB는 문화 간 이해와 존중을 형성하는 교육을 통해 더 나은, 더 평화로운 세상을 만드는 데 도움이 되는 탐구적이며 지식이 풍부하고 배려심이 많은 청년들을 양성한다. 이를 위해 기구(IBO)는 학교, 정부 및 국제기구와 협력하여 국제 교육 및 엄격한 평가의 도전적인 프로그램을 개발한다.

이 프로그램들은 전 세계의 학생들이 자신들과 다른 점들을 가진 다른 사람들도 옳을 수 있다는 것을 이해하는 적극적이고 동정하는 평생 학습자가 되도록 격려한다.

IB 프로그램의 **목표**

모든 IB 프로그램의 목적은 공통의 인류애와 공유된 지구에 대한 수호자 정신을 인식하고 더 나은 세상과 더 평화로운 세상을 만드는 데 도움을 주는 국제적인 마음을 가진 사람들을 양성하는 것입니다.

지적 탐구심을 바탕으로 생각하는 힘을 길러 자신과 다른 생각을 가진 사람들과도 상호 이해와 존중을 바탕으로 배려하고 소통할 줄 아는 사람. 이러한 인재를 양성하는 것이 IB의 사명이며 이는 IB 프로그램의 목표와 IB 학습자상에 유기적으로 연결되어 있다. 이러한 IB 프로그램의 목표는 다음에 소개될 IB 학습자상을 통해 구체화된다.

10가지의 IB 학습자상

- 탐구하는 사람(INQUIRERS)
- 지식이 풍부한 사람(KNOWLEDGEABLE)
- 사고하는 사람(THINKERS)
- 소통하는 사람(COMMUNICATORS)
- 원칙을 지키는 사람(PRINCIPLED)
- 열린 마음을 지닌 사람(OPEN-MINDED)
- 배려하는 사람(CARING)
- 도전하는 사람(RISK-TAKERS)
- 균형 잡힌 사람(BALANCED)
- 성찰하는 사람(REFLECTIVE)

IB 학습자상은 IB 프로그램을 통해 기르고 싶은 인재상이다. 학습자상은 학문적 성공을 넘어서는 광범위한 인간 역량과 책임들을 나타낸다. 이를 통해 IB 프로그램에서 양성하고자 하는 학습자의 역량이 무엇인지 알수 있다. IB 프로그램이 운영되는 학교마다 이 학습자상이 적힌 게시물을 쉽게 확인할 수 있다.

IB 학습자상을 처음 접했을 때 다른 누구보다 나에게 먼저 적용해 보았다. 학습자상 하나 하나에 담겨진 의미를 생각하며 이미 어른이 된 나에게 나는 어떤 사람으로 살아왔는지 학습자상에 비추어 되돌아보게 되었다. 더불어 이 학습자상 아래 공부하게 될 아이들을 떠올려 보았다. 그리고 우리 아이들이 IB 학습자상에 있는 가치와 태도를 내면에 온전히 담아내는 사람으로 단단히 성장하길 바라는 마음이다.

IB 프로그램 교육과정

IBO 홈페이지에서 배포한 공식 자료집인 『The IB continuum of international education』을 통해 여기에 IB 프로그램별 핵심 내용을 소개해 본다.

■ IB 초등교육 프로그램 : PYP (The Primary Years Programme)

- 교육목표: 학생들의 평생 배움의 여정에서 적극적인 참가자가 될 수 있도록 준비 시킴
- 교육대상: 3~12세(유 · 초등)
- 교육특장: 교실과 학교 밖의 세상에 대한 탐구심을 개발하는 데 초점을 맞춤
- 6개의 학제를 초월한 융합 주제를 탐구 기반 교육 프레임워크로 활용
- 교수언어: 자국어

[출처 : IBO 홈페이지 IB 소개 번역]

■ 6개 교과군 : 언어, 사회, 수학, 예술, 과학, 체육과 생활지도

■ 학습행동 전시회

- 개념, 태도, 학습접근방식(ATL), 수업접근방식(ATT)

- PYP에서 제시하는 초학문적 주제

  - 우리는 누구인가(Who we are)

  - 우리가 속한 시간과 공간(Where we are in place and time)

  - 우리 자신을 표현하는 방법(How we express ourselves)

  - 세계가 돌아가는 방식(How the world works)

  - 우리 자신을 조직하는 방식(How we organize ourselves)

  - 우리 모두의 지구(Sharing the planet)

■ **PYP에서 제시하는 8가지 핵심개념(Key Concepts)**

핵심개념	연관된 질문
형태 (Form)	어떻게 생겼나? (What is it like?)
기능 (Function)	어떻게 작동하는가? (How does it work?)
인과관계 (Causation)	왜 그렇게 되는가? (Why is it like it is?)
변화 (Change)	어떻게 변화되고 있는가? (How is it changing?)
연결 (Connection)	그것은 다른 것들과 어떻게 연결되나? (What is the link to other things?)
관점 (Perspective)	우리의 관점은 무엇인가? (What are the points of view?)
책임 (Responsibility)	우리의 책임은 무엇인가? (What is our responsibility?)
성찰 (Reflection)	우리가 어떻게 아는가? (How do we know?)

■ PYP 탐구프로그램(POI), 탐구단원(UOI) 운영 사례

주제 / 학년	구분	우리는 누구인가 Who we are	우리가 속한 공간과 시간 Where we are in place and time	우리 자신을 표현하는 방법 How we express Ourselves	세계가 돌아가는 방식 How the world works	우리 자신을 조직하는 방식 How we organize ourselves	우리 모두의 지구 Shanng the planet
6학년	중심 아이디어	자아 성찰과 도전은 성장의 기회로 이어진다.	인간은 환경에 적응하여 다양한 문화를 형성하고 서로 영향을 미친다.	미디어는 사람들의 의사결정에 영향을 준다.	인간은 에너지를 전환하여 이용한다.	경제 주체들의 편익을 위해 자원에 대한 경제적 선택(합리적 선택)은 달라진다.	갈등 해결은 더 나은 삶으로 이어질 수 있다.
	핵심 개념	형태, 변화, 인과	관점, 연결, 인과	기능, 인과, 책임	형태, 변화, 기능	인과, 기능, 책임	인과, 연결, 책임
	관련 개념	자아 성찰, 도전, 성장	자연환경, 문화, 다양성	미디어, 사실, 의사결정	에너지, 전환	편익, 자원, 선택	갈등, 평화, 인류애, 영향
	학습 접근 방법	자기관리 기능 대인 관계 기능 의사소통 기능	사고 기능 의사소통 기능 대인 관계 기능	사고 기능 의사소통ㅍ 기능	조사 기능	조사 기능 사고 기능 대인 관계 기능	조사 기능 자기관리 기능 의사소통 기능 대인 관계 기능
	학습자상	도전하는 사람 균형잡힌 사람 성찰하는 사람	열린 마음을 지닌 사람 소통하는 사람 배려하는 사람	사고하는 사람 소통하는 사람 원칙을 지키는 사람	탐구하는 사람 사고하는 사람 지식이 풍부한 사람 원칙을 지키는 사람	탐구하는 사람 배려하는 사람 사고하는 사람 지식이 풍부한 사람	열린 마음을 지닌 사람 원칙을 지키는 사람 도전하는 사람
	탐구목록	1. 자아 성찰 2. 우리 주변의 다양한 도전 3. 도전에 따른 변화	1. 환경과 문화 2. 문화의 상호 작용 3. 문화를 바라보는 자세	1. 미디어의 역사와 종류 2. 미디어의 영향력 3. 미디어와 우리의 역할	1. 다양한 에너지의 모습 2. 에너지의 전환 3. 에너지의 활용	1. 경제적 선택의 특징 2. 경제적 선택의 변화 3. 앞으로의 경제 발전	1. 갈등의 원인 2. 갈등의 영향 3. 갈등 속 나의 역할

[출처 : 표선초등학교 홈페이지(https://school.jje.go.kr/pyoseon-e/cm/cntnts/cntntsView.do?mi=114454&cntntsId=114454)]

초학문적 주제	우리는 누구인가	우리가 속한 공간과 시간	우리 자신을 표현하는 방법	세상이 돌아가는 방식	우리가 자신을 조직하는 방식	우리 모두의 지구
소주제	인간 존재의 의미	지역 세계차원에서 보는 개인과 운명의 관계 및 상호연결성	사고 감정 특징 문화 신념 가치를 발견하고 표현하는 방법	인간의 과학원리 이해 사용방법	- 조직의 구조와 기능 - 사회적인 의사 결정	평화와 분쟁 해결
단원명	개인과 사회	위기와 도전	매체 표현	발명과 생활	구조와 역할	갈등과 평화
중심 아이디어	인간은 사회 속 자신의 정체성을 성찰함으로써 가치 있는 생각과 행동을 선택할 수 있다.	인간은 주어진 위기상황에 도전함으로써 극복하고 삶의 성장을 돕는다.	사람은 자신의 신념과 가치를 매체를 통하여 전달한다.	사람은 기술을 활용하여 발명활동에 참여하고 발명을 통하여 편리한 생활을 이끈다.	세계는 고유한 역할을 담당하는 구조로 이루어져 있다.	인간은 갈등과 평화를 겪으면서 공동체의 발전을 돕는다.
핵심 개념	기능, 변화, 관점	인과, 책임	형태, 관점	기능, 변화, 관점	형태, 기능, 연결	인과, 책임, 연결
관련 개념	개인, 시대, 사회, 사회 구조, 세계관, 정체성, 성찰, 자주성	자연, 문명, 문화, 적응, 개척, 도전	매체, 의견	에너지, 에너지 전환, 발명가, 발명 기법, 생활, 편리성	전체, 부분, 소통, 의사결정, 상호작용	지구촌, 국제 분쟁, 공존
학습 접근방법	사고 기능, 자기관리 기능	조사 기능, 사고 기능	의사소통 기능	자기관리 기능, 대인관계 기능	조사 기능	조사 기능, 사고 기능, 의사소통 기능
IB 학습자상	탐구하는 사람, 성찰하는 사람, 열린 마음을 지닌 사람	도전하는 사람, 성찰하는 사람	사고하는 사람, 소통하는 사람	탐구하는 사람, 지식이 풍부한 사람	지식이 풍부한 사람, 균형 잡힌 사람	원칙을 지키는 사람, 배려하는 사람, 열린 마음을 지닌 사람
탐구 목록	시대에 따른 사고방식	자연의 위기에 대한 인간의 도전	표현 도구	발명을 돕는 방법	구조로 보는 세계	갈등의 사례와 원인
	사회 구조의 변화	도전적인 인물 사례	사회적 이슈에 관한 관점	발명이 활용된 과학 원리	구조의 중요성	갈등의 결과와 평화
	내가 추구하는 삶	나의 위기와 도전	매체를 활용한 표현	생활 속 발명	구조의 역할	우리가 실천할 수 있는 일

[출처 : 토산초등학교 홈페이지(https://school.jje.go.kr/tosan/cm/cntnts/cntntsView.do?mi=118360&cntntsId=118360]

■ IB 중등교육 프로그램: MYP (The Middle Years Programme)

- 교육목표: 학교생활에서 성공적인 학생, 적극인 사람, 평생학습자가 되도록 준비
  시킴
- 교육대상: 11~16세(중학생)
- 교육특징: 학생들을 창조적이고 비판적이며 성찰하는 생각할 줄 아는 사람이 되
  도록 훈련시키는 교육
- MYP는 학생들이 전통적인 과목의 학업과 실제 세계와의 연결을 장려하면서 지
  적 도전을 강조
- 교수언어: 자국어

[출처 : IBO 홈페이지 IB 소개 번역]

- MYP 8개 교과군: 언어와 문학, 언어 습득, 개인과 사회, 과학, 수학, 예술, 체육과 보건, 디자인
- MYP 커뮤니티(지역사회/공통체) 프로젝트
- 봉사(Service)와 체험학습(Action): 수업 내용 연관, 학교 관리
- 융합(간학문)학습을 적극 장려
- PYP 초학문적 주제와 연계되어 MYP에서 제시하는 글로벌 맥락

PYP 초학문적 주제		MYP 글로벌 맥락
우리는 누구인가	➡	정체성과 관계
우리가 속한 시간과 공간	➡	시간과 공간의 방향성
우리 자신을 표현하는 방법	➡	개인적·문화적 표현
우리 자신을 조직하는 방식	➡	세계화와 지속 가능성
세계가 돌아가는 방식	➡	과학 기술의 혁신
우리 모두의 지구	➡	공정성과 개발

■ IB 디플로마 프로그램: DP (IB Diploma Programme)

- 교육목표: 세계화된 사회 속에서 대학교육과 이후 삶에서 성공적인 학생이되도록 준비시킴
- 교육대상: 16~19세(고등학생)
- 특징: 학생들이 지적, 사회적, 감정적, 신체적으로 행복한 삶을 살아가는 교육
- DP는 세계 유수의 대학들로부터 프로그램의 우수성을 인정받아옴
- 교수언어: IB공식언어(영, 프, 스)

[출처: IBO 홈페이지 IB 소개 번역]

- **DP 6개 교과군**

  - 언어와 문학, 언어 습득, 개인과 사회, 과학, 수학, 예술

  - 심화 수준(Higher Level), 기본 수준(Standard Level)으로 나뉨

- **DP 3개 핵심과정**

  - 지식이론(Theory of Knowledge)

  - 소논문(Extended Essay),

  - 창의 · 활동 · 봉사(Creativity, Action, Service)

마지막으로 IB CP(Career-related Programme) 프로그램이 있다. 이 프로그램의 특징은 16~19세 대상의 직업 교육 특화 프로그램으로 대학 진학을 염두하고 개발한 DP와 달리 직업 관련 진로에 관심 있는 학생을 대상으로 개발한 프로그램이다. 직업 관련 CP 핵심과목 및 DP의 2개 과목과 외부 인턴십을 이수해야 한다. 하지만 아직 까지 IB CP 과정은 국내 공교육 학교에 도입하지 않았음을 알려드린다.

위와 같은 IB 프로그램을 운영하기 위해서는 IBO의 IB 학교 인증 과정이 필요하다. 인증 학교가 되기 위한 절차는 IB 관심학교→후보학교→인증학교(World School)로 지정되어 운영된다. IB 프로그램은 학교 단위로 IBO의 인증을 받아야만 운영할 수 있는 부분이 특색이라 할 수 있으며 IBO에서 발간하는 IB YEARBOOK 2024에 집계된 2023년 11월 기준 전

세계 IB 월드스쿨 현황은 다음과 같다.

지역	PYP	MYP	DP	CP	Total
Africa, Europe, Middle East	618	474	1,258	105	2,455
Asia Pacific	726	321	739	60	1,846
Americas	924	888	1,654	198	3,664
Total	2,688	1,683	3,651	363	8,385

[출처 : IB WORLD SCHOOLS YEARBOOK 2024]

IB 월드스쿨은 이렇게 진행해요

국내 교육청 가운데 제주특별자치도교육청 전임 이석문 교육감께서 IBO에 IB 프로그램의 한국어화 협조 요청 공문을 최초로 발송한 것이 2018년 1월이라고 한다. 그 이후로 IBO와 일련의 논의 과정을 거쳐 2019년 7월 제주특별자치도 교육청과 대구광역시교육청에서 IBO 본부와 협력각서(MOC)가 체결되어 본격적으로 두 지역의 국공립 학교에서 한국어로 가르치고 배울 수 있는 IB 프로그램이 도입되어 운영되고 있다.

이후로 2024년 7월까지 경기도교육청, 경상북도교육청, 부산광역시교육청, 서울특별시교육청, 인천광역시교육청, 전라남도교육청, 전북특별자치도교육청, 충청남도교육청, 충청북도교육청이 양해 각서를 맺어 전국 17개 시도 교육청 중 열한 곳(약 65%)에서 IB 프로그램이 도입되어 각 지역에 확산 중이다. IB 월드스쿨은 관심 학교에서 후보학교를 거쳐 최종 인증 학교로 인증받으면 된다.

IB 학교가 되기 위해서는?

ㄴ IB 학교는 IB본부의 공식인증단계를 거쳐 승인을 받아야 운영할 수 있습니다.

[출처 : 대구광역시 교육청 홈페이지]

IB 관심 학교

IB 관심 학교는 IB 프로그램에 대하여 학교 리더십 및 교수자로 가장 중요한 수업 담당 교사들이 IB 수업에 관해 관심을 두고 탐색 및 준비하는 단계이다. IB 도입 지역 중 탐색학교, 연구학교, 기초학교 등의 유형이 있다. 보통 관심 학교 전 단계로 교육청마다 용어를 혼재하여 사용하고 있으며 관심 학교로의 전환 여부는 교육청에 문의해 확인해야 한다.

관심 학교 단계에선 IB 프로그램이 교실 수업에 적용되어 운영되지는 않는다. 다만, 학교 IB 코디네이터 교사 및 일선 교사들은 관심 학교로 지정되어 운영되는 동안 IB 연수를 통해 IB를 이해하고 수업에 IB 도입을 위한 탐구 시간을 보내게 된다. 그러므로 학생과 학부모는 교실에서 IB 관련 수업 활동을 바로 확인할 수 없는 단계이다.

관심 학교 단계에서 보통 6개월에서 1년 정도의 시간을 보내게 되며, 그 기간 IB 모의수업이 진행되는 학교도 있다. 대구와 제주 지역은 IB 도입 초창기에 비해 현재 IB 월드스쿨이 많이 생겨나 최근에는 같은 권역 내에선 빠르게 준비가 진행되어 6개월이면 관심 학교에서 후보 학교로 진행되는 사례를 보기도 했다.

그러나 일부 지역의 경우 관심 학교에서 후보 학교로 진행되지 않는 사례도 있다고 한다. 관심 학교 단계에서는 교사들이 IB 수업을 탐색하고 알아가는 단계이다. 교사들이 연수를 받으며 기존 수업방식에서 IB 프로그램에 맞춘 교수법으로 배우고 바꿔가야 한다. 이러한 변화에 적응이 힘든 교사는 다른 학교로 이동하는 경우도 더러 있다고 한다. 그렇다 보니 관심 학교에서 후보 학교로 되는 과정이 쉬운 일은 아니다. 교사의 연수를 바탕으로 IB에 대한 이해도를 높이고 학교 리더십 및 수업을 담당하는 교사들이 한마음 한뜻으로 IB를 학교 운영의 핵심 프로그램으로 삼아야 한다.

또한 IB 프로그램 도입을 통한 학교 교육 변화에 대해 학생과 학부모의 동의가 전제되어야 후보 학교로 갈 수 있기에 학생과 학부모도 IB 프로그램에 대한 이해와 적극적인 관심이 필요하다.

관심 학교에 지정이 되어도 여전히 IB에 대해 무관심하거나 잘 모르는 학부모들이 대다수이기에 교육청이나 학교에서 주관하는 세미나 및 특강을 통해 학부모 편에서 조금이나마 IB에 대해 알아가고자 하는 노력과 마음을 모아야 하는 중요한 단계이다.

IB 후보 학교

후보 학교는 관심 학교 과정을 거친 후, 인증학교가 되기 위해 밟는 단계이다. IBO에 신청서를 내고 승인되면 이때부터 IBO의 지원 아래 학교는 본격적으로 IB 프로그램을 공식적으로 운영할 수 있는 인증 학교가 되기 위한 여러 교육 활동을 한다.

후보 학교가 되면 학생들은 교실에서 IB 프로그램을 경험하게 된다. 학부모도 IB 수업 과정을 가정통신문으로 확인할 수 있다. 후보학교에서 IB 월드스쿨 인증까지는 약 1년 반에서 2년 사이의 시간이 걸린다. 인증을 위한 평가 조건을 충족하면 IBO로부터 인정되어 전 세계 IB 월드스쿨과 동등한 프로그램이 운영된다. 이 시기에 학부모로서 학교가 인증학교로 가기 위해 한마음으로 함께 기여할 부분이 많다.

후보 학교 시작 후 6개월 정도는 워밍업 단계라 생각하면 좋다. 학생과 교사가 수업에 적응하는 단계이고 인증 전 막바지 1년이 아주 중요한 시기이다. 인증 시점을 보면 10~12월 사이에 인증이 된 학교들이 많다.

IB 초등 과정에 해당하는 PYP 학교의 경우, UOI(Unit of Inquiry) 탐구 활동이 끝나면 아이들의 성장을 확인할 수 있는 UOI 통지표가 집으로 온다. 통지표를 받으면 꼭 자녀의 변화와 함께 수업에 대해 잘 이해했는지, 수업 관련 성찰을 잘했는지 질문해 보며 아이와 대화하고 모니터링하여 담임교사에게 이를 피드백하는 것이 부모의 중요한 역할 중 하나이다. 이것은 인증을 위해 교사들에게 중요한 수업 피드백 자료가 된다.

그 다음은 학부모 인터뷰이다. 후보학교 과정에서 2022년 1학기, 2학기 두 차례 걸쳐 진행했던 것으로 기억한다. 학부모 인터뷰는 학교마다 다를 수도 있다. 인증을 위한 인터뷰는 교사, 학생, 학부모, 즉 교육의 3주체가 모두 참여한다. IBO에서 IB 프로그램에 대한 전반적인 피드백을 듣기 위해 학교를 통해 학부모 대상 인터뷰를 진행하는데, 만약 인터뷰 대상자로 참여하게 된다면 IB 수업에 대해 이전 교육과는 어떤 점이 다르고 자녀들의 실질적인 성장과 변화에 IB가 어떻게 도움이 되었는지, IB 프로그램으로 운영되는 수업에 대한 부모의 생각을 정리하여 인터뷰에 긍정적으로 임하면 된다. 이것이 인증학교로 가기 위해 학부모가 기여할 수 있는 방법 중 하나이니 적극적인 태도로 꼭 참여하시기 바란다.

IB 인증 학교 (IB 월드스쿨)

관심 학교와 후보 학교로 2~3년의 과정을 통해 거쳐 IB 프로그램을 안정적으로 운영할 수 있다는 여러 평가 지표를 충족하게 되면 IBO로부터 공식 인증을 받아 IB 월드스쿨로 지정된다. 이를 위해 IB 학교에는 관심 학교 단계부터 IB 프로그램 운영을 총괄하는 IB 코디네이터 교사를 두어 IB 프로그램을 운영한다.

후보 학교에서 인증 심사의 여러 과정을 함께 지켜본 학부모의 한 사람으로서 인증 작업을 위해 많은 시간 수고한 IB 코디네이터 교사 및 전체 선생님들께 감사와 존경의 마음을 보낼 수 밖에 없었다.

후보 학교에서 아이들과 함께한 1년여간 인증 과정을 거치고 최종적으로 아이들이 다니는 학교가 IB 월드스쿨로 인증되었다는 소식을 접하게 되었을 때, 지난 과정이 스쳐 지나가며 기쁜 마음과 함께 학부모로서 작게나마 인증 과정에 기여할 수 있는 기회가 찾아온 것에 감사했다.

[2022년 12월 표선초등학교 IB PYP World School 인증식]

　IB 월드스쿨이 된 이후에는 학교에서 교사와 학생이 모두 안정적으로 IB 프로그램에 참여하게 된다. 인증 과정을 준비하는 기간 동안 교사들은 IB 수업 준비를 위해 퇴근 후에도 일상 속 모든 이슈와 이야기를 아이들의 수업에 필요한 아이디어나 재료로 사용하기 위해 애쓰신다는 이야기를 들었다. 이런 교사들의 노력 가운데 진행되는 IB 수업이다 보니 '이런 것이 IB구나!'하는 것을 교사는 교사대로 가르치는 과정에서 발견하고 또 아이들은 IB만의 독특한 배움의 과정에서 서로 경험해 가며 IB를 알아가고 성장하는 시간이 아니었을까 싶다.

　IB PYP 수업은 간단하게 설명하자면 다음과 같다.

　1단계 관심 갖기, 2단계 알아 가기, 3단계 실행하기, 4단계 성찰하기. 이러한 4단계의 수업 형태를 기반으로 학생들은 주도적인 학습 태도를 배워가며 수업에 참여한다. 아이들의 학년이 올라갈수록 교사들의 IB 수업에 대한 이해도 및 운영 노하우는 IB 수업 시스템 속에서 더욱 깊어지고 그에 따라 아이들이 받는 수업 내용도 비례하여 점점 깊이가 달라짐을 경험하고 있다.

더불어 강조하고 싶은 것은 IB 학교의 만족도이다. 수업 시 교사가 아이들의 질문과 대답에 대해 열려 있기 때문에 아이들 모두 서로 다른 생각을 말하더라도 귀 기울여 듣고 서로 다른 생각을 존중하는 문화가 있다. 또한 수업의 많은 과정이 모둠원과 함께 협력하여 진행하는 과정이 많기에 아이들 각자가 가진 고유성과 장점을 서로 발견해 주고 이를 격려하는 분위기가 조성되어 있다는 점이다.

그렇기에 아이들의 학교생활이나 친구들과의 관계에서도 아주 만족하며 잘 지내고 있다. 이는 PYP 과정뿐 아니라 DP 프로그램을 운영하는 제주 표선고등학교 IB DP 1기 졸업생을 대상으로 한 IB DP 성과 분석 연구 보고서나 졸업생의 인터뷰에서도 쉽게 확인할 수 있었다.

가장 최근인 2024년 8월 말에 제주특별자치도 교육청에서 표선고등학교 졸업생을 초청해 '2024 IB 성장콘서트'를 개최했다. IB에 관심 있는 학부모나 학생들이 참여해 IB를 통한 학생들의 성장 이야기를 직접 들을 수 있는 자리였다. 토크 콘서트 끝 무렵 이제 막 대학 새내기가 된 한 졸업생이 다음과 같은 멘트를 남겼다.

"고3 시절이 너무 행복해서 다시 고3 시절로 돌아가고 싶어요."

정말 놀랍지 않은가? 대한민국 대부분의 고3 수험생들은 엄청난 스트레스와 불안으로 고3 시절을 보낼 수밖에 없는 게 현실일 텐데.

행복한 학교생활을 했다는 졸업생의 한마디는 IB에 대해 불안했던 예비 학생과 그 부모들에게 희망과 기대를 안겨주는 말이었다.

이렇게 IB 프로그램처럼 안정화된 절대 평가 시스템 속에 교육과 평가의 일체화, 헌신된 교사와 학생 간 상호작용 그리고 친구를 경쟁자가 아니라 함께 공부하는 학습 공동체의 일원으로서 학교의 문화가 뿌리내린다면 분명 우리나라의 교육 현장에도 많은 변화가 가능하리라는 기대를 품게 한다.

대구와 제주의 IB 월드스쿨 고교의 졸업생들이 전하는 IB 프로그램의 특장점과 경험담을 확인하고 싶다면, 대구광역시교육청과 제주특별자치도교육청에서 DP 1기 졸업생들을 연사로 섭외하여 개최한 토크 콘서트를 꼭 시청해보길 바란다.

💡 대구와 제주 IB DP 1기 졸업생 토크 콘서트 다시 보기

불확실함을 확신으로, IB라는 기회(대구)	2024 IB 성장 토크콘서트(제주)
https://bit.ly/4793g3b	https://bit.ly/4e7dxPS

[인터넷 주소 입력 또는 QR코드 스캔 후 - 링크 열기하면 Youtube 시청가능]

$$3$$

내 주변에도
IB 학교가 있을까?

IB미래교육 커뮤니티를 운영하며 IB 학교의 확산 과정에 관심을 갖고 지켜보았다. 해당 교육청의 홈페이지와 주요 언론을 통해 보도된 내용을 기본으로 IB 학교 현황을 공유해 왔다. 그뿐만 아니라 각 지역 IB 학교에 재학 중인 부모를 통해 IB 학교 소식 및 다양하고 생생한 자녀 IB 경험담들을 커뮤니티와 블로그를 통해 공유하며 IB의 교육적 가치를 알려왔다. 그렇게 IB를 처음 접하며 IB를 알아가면서 자녀 교육의 방향성을 잡아가는 부모들이 서서히 늘고 있다.

내가 IB에 대해 집중적으로 알아보기 위해 처음 참고했던 것은 교육과 혁신연구소 이혜정 소장의 『서울대에서는 누가 A+를 받는가』, 『대한민국의 시험』, 『IB를 말한다』라는 책이었다. 이 책들은 4차 산업혁명 시대에 필요한 역량을 기를 수 있는 교육으로 국내 최초로 IB 프로그램을 자세히 소개하고 이를 통해 우리나라의 대입 시험과 교육 체제의 혁신을 촉구했다. 그리고 올해 4월에는 MBC에서 방영한 다큐멘터리 〈교실이데아〉라는 방송에서 객관식 상대평가 체제의 수능 시험의 폐해를 분석하고, 학생 모두가 성장할 수 있는 논서술형 절대평가 기반 평가 체제로의 전환을 모색하며 그 대안으로 IB 프로그램을 소개하는 방송을 하였다. 나는 남편과 함께 다큐 방송 전에 상암 MBC 스튜디오에서 개최되었던 교실이데아 토크 콘서트에도 다녀왔다. 방송에 공개되진 않았지만, 지금은 유튜브로 공개되어 누구나 볼 수 있기에 자녀 교육에 관심 있는 분들이라면 꼭 보시길 추천한다.

💡 MBC 교실이데아 토크 콘서트 다시 보기

[인터넷 주소 입력 또는 QR코드 스캔 후 - 링크 열기하면 Youtube 시청가능]

이렇게 IB 프로그램에 대해 이해하고 공교육 IB 학교에 자녀를 보내고자 하는 부모에게 가장 중요하고 기초가 되는 정보는 IB 학교의 현황과 IB 프로그램을 한 지역에서 이어 할 수 있는 초중고 학교의 연계 정보가 아닐까 싶다. 이를 위해 커뮤니티에 IB 학교 현황 자료를 올렸으며, 대구와 제주를 포함하여 가장 최근에 IB를 도입한 지역의 학교 현황까지 각 교육청에 문의하여 자료를 다시 정리해 보았다.

IB 도입 초창기부터 최근까지 IB 인증학교에 자녀를 보내려면 대구와 제주 지역의 IB 프로그램을 운영하는 학교에 배정받을 수 있는 학군 주소지로 이사를 가야만 했었다. 그러나 자료를 정리하면서 보니 이제는 대구와 제주뿐만 아니라 서울 및 경기도를 비롯하여 전국 대다수 지역의 교육청에서 IB 프로그램을 도입하는 학교가 늘어난 것을 확인할 수 있었다. 더불어 시간이 지남에 따라 IB 프로그램을 운영하는 IB 학교는 점차 늘어날 것으로 예상된다.

따라서 IB 교육을 위해 무작정 대구나 제주로 갈 것이 아니라 멀리 이사를 하지 않고도 IB 학교에 보낼 수 있는 기회가 생긴 것이다.

다음에 안내되는 자료를 참조하여 집 근처에 IB 프로그램을 운영하는 학교가 있는지 먼저 확인해 보시길 추천해 드린다.

※ 다음부터 안내되는 IB도입 학교 현황 자료는 2024년 8월 말 기준 IB 프로그램을 도입한 11개 시 · 도교육청 홈페이지와 언론 보도 자료를 기본으로 정리하였습니다. 그럼에도 자료가 없는 경우 직접 교육청에 문의하였고, 이후 단계별로 학교의 전환 가능성이 있기에 지역별 정확한 IB 학교 현황은 각 시 · 도교육청 IB 담당 부서 또는 해당 학교에 직접 확인하시길 바랍니다.

지역명	PYP			MYP			DP			계
	관심	후보	인증	관심	후보	인증	관심	후보	인증	
경기	48	11	0	48	7	0	29	1	1	145
경북	3	0	0	5	0	0	2	0	0	10
대구	3	4	9	5	3	11	1	1	5	42
부산	2	5	0	0	3	0	0	0	0	10
서울	45	3	0	28	3	0	0	0	0	79
인천	0	0	0	3	0	0	13	0	0	16
전남	2	1	0	1	1	0	1	2	0	8
전북	9	1	0	11	1	0	6	0	0	28
제주	1	5	5	3	0	2	0	0	1	17
충남	2	0	0	2	0	0	5	0	0	9
충북	0	0	0	0	0	0	0	0	0	0
합계	115	30	14	106	18	13	57	4	7	364

[2024년 8월 말 기준 IB 도입 시·도교육청 IB 학교 현황표]

전체 현황: 총 145교(관심학교 125교, 후보학교 19교, 인증학교 1교)

구분	PYP			MYP			DP		
	관심	후보	인증	관심	후보	인증	관심	후보	인증
학교수	48	11	0	48	7	0	29	1	1

세부 학교 현황

구분	PYP		MYP		DP	
	관심		관심		관심	후보
학교명	가평마장초 검단초 계남초 광교호수초 구성초 군남초 궁내초 글빛초 김포대명초 남창초 당동초 당촌초 대성동초 대평초 도일초 동부초 반월초 백학초 부천동초 사우초 상원초 서원초 세종초 송림초 송우초 수원동신초 수일초 아인초 안산호원초 안양동초 역동초 연곡초 오성초	용문초 운정초 월롱초 의정부서초 자유초 잠원초 적암초 청명초 초성초 탑동초 파양초 팽성초 행주초 화봉초 효원초 **후보** 개산초 곡란초 광명서초 군서미래국제학교 다산가람초 동두천초 만선초 솔뫼초 송라초 연천왕산초 효촌초	경민여중 경민중 경안중 고양제일중 광교중 구리여중 금파중 단월중 대신중 대화중 동두천여중 동삭중 매향중 명인중 문산북중 민락중 배곧중 백암중 백학중 법원여중 부림중 소사중 송린중 수원다산중 수원중 수일중 신능중 안양부흥중 어정중 영일중 영통중 옥길중 와동중	용인백현중 용인신릉중 운중중 원일중 응곡중 이천사동중 조종중 주곡중 중앙기독중 청덕중 청명중 초지중 포천여중 풍산중 헌산중 **후보** 남문중 매양중 서해중 오산원일중 죽산중 파주광일중 푸른중	관양고 광휘고 남양주다산고 덕정고 동두천외고 동원고 동탄국제고 마석고 봉담고 부흥고 산본고 서해고 성남외고 성포고 송내고 수성고 수원고 신길고 안산동산고 안양고 영덕고 와우고 용인삼계고 용호고 이산고 조종고 진접고 포천고 현화고	죽산고 **인증** 경기외고

■ 경상북도 교육청

전체 현황: 총 10교(관심학교 10교)

구분	PYP			MYP			DP		
	관심	후보	인증	관심	후보	인증	관심	후보	인증
학교수	3	0	0	5	0	0	2	0	0

세부 학교 현황

구분	PYP	MYP	DP
	관심	관심	관심
학교명	대구교육대학교안동부설초 구미봉곡초등학교 구미원당초등학교	경덕중학교(안동) 도송중학교(구미) 동산여자중학교(영주) 청하중학교(포항) 화랑중학교(경주)	포항제철고 풍산고

■ 대구광역시 교육청(IB 담당부서/미래교육과)

전체 현황: 총 42교(관심학교 9교, 후보학교 8교, 인증학교 25교)

– IB 기초학교: 56교(초 24교, 중 23교, 고 9교)

구분	PYP			MYP			DP		
	관심	후보	인증	관심	후보	인증	관심	후보	인증
학교수	3	4	9	5	3	11	1	1	5

세부 학교 현황

구분	PYP			MYP			DP		
	관심	후보	인증	관심	후보	인증	관심	후보	인증
학교명	군위초 삼덕초 테크노초	남덕초 대구교대 대구 부설초 대구초 팔공초	경북사대 부설초 남동초 덕인초 동덕초 삼영초 영선초 월배초 중리초 현풍초	가창중 경일여중 대구 제일여중 성명여중 원화중	대구 팔공중 상서중 서대구중	경북대 사대 부설중 논공중 대구중 대구 중앙중 대건중 대명중 복현중 사수중 서동중 청구중 포산중	청구고	대구 중앙고	경북대 사대 부설고 대구외고 대구 국제고 대구 서부고 포산고

■ 부산광역시 교육청(IB 담당부서/초등교육과, 중등교육과)

전체 현황: 총 10교(관심학교 2교, 후보학교 8교)

구분	PYP			MYP			DP		
	관심	후보	인증	관심	후보	인증	관심	후보	인증
학교수	2	5	0	0	3	0	0	0	0

세부 학교 현황

구분	PYP		MYP	DP
	관심	후보	후보	관심
학교명	2곳	금강초 동궁초 부민초 연포초 좌동초	모전중 부산국제중 부산중앙중	없음

■ 서울특별시 교육청(IB 담당부서/교수학습 · 기초학력지원과)

전체 현황: 총 79교(관심학교 73교, 후보학교 6교)

구분	PYP			MYP			DP		
	관심	후보	인증	관심	후보	인증	관심	후보	인증
학교수	45	3	0	28	3	0	0	0	0

세부 학교 현황

구분	PYP		MYP	
	관심	후보	관심	후보
학교명	가재울초, 고은초, 거원초 경동초, 공덕초, 구현초 금북초, 경인초, 길원초 개현초 계남초, 금호초 당현초, 도곡초, 도성초 대동초, 대왕초, 마장초 명원초, 목운초, 발산초 방현초, 북가좌초, 보라매초 불암초, 상곡초, 서강초 송전초, 신구로초, 신도초 신미림초, 신석초, 신현초 안평초, 양동초, 영일초 은천초, 용마초, 윤중초 위례솔초, 이문초, 이태원초 염리초, 잠실초, 탑동초	구로초 양화초 정목초	광남중, 개원중, 길음중 내곡중, 동신중, 덕성여중 대왕중, 마장중, 문성중 방배중, 불암중, 사당중 삼정중, 서울여중, 성수중 서울사대부중, 성재중 서울사대부여중, 성심여중 신남중, 신목중, 압구정중 영림중, 잠신중, 정원여중 풍납중, 한울중, 휘경여중	송정중 잠실중 창덕여중

■ 인천광역시 교육청(IB 담당부서/중등교수학습팀)

전체 현황: 총 16교(관심학교 16교)

구분	PYP			MYP			DP		
	관심	후보	인증	관심	후보	인증	관심	후보	인증
학교수	0	0	0	3	0	0	13	0	0

세부 학교 현황

구분	PYP	MYP	DP
	관심	관심	관심
학교명	없음	신흥중 연성중 인천청람중	계산여고, 덕신고 연수여고, 인일여고 인제고, 인화여고 인천과학고, 인천대건고 인천세원고, 인천아라고 인천예일고, 인천하늘고 인천효성고

■ **전라남도 교육청(IB 담당부서/미래혁신학교팀)**

전체 현황: 총 8교(관심학교 4교, 후보학교 4교)

구분	PYP		MYP		DP	
	관심	후보	관심	후보	관심	후보
학교수	2	1	1	1	1	2

세부 학교 현황

구분	PYP		MYP		DP	
	관심	후보	관심	후보	관심	후보
학교명	용당초 삼호서초	빛가람초	삼호서중	나주금천중	삼호고	전남외고 봉황고

■ 전북특별자치도 교육청(IB 담당부서/미래교육과)

전체 현황: 총 28교(관심학교 26교, 후보학교 2교)

구분	PYP			MYP			DP		
	관심	후보	인증	관심	후보	인증	관심	후보	인증
학교수	9	1	0	11	1	0	6	0	0

세부 학교 현황

구분	PYP		MYP		DP
	관심	후보	관심	후보	관심
학교명	덕과초 영만초 이리남초 이리백제초 이리영등초 이백초 전주교대 군산부설초 전주교대 전주부설초 회현초	전주아중초	백산중 원광중 익산부송중 자유중 전주덕일중 전주온빛중 전주효문중 지평선중 함열여중 화산중 회현중	용북중	순창고 양현고 자유고 전주여고 전주중앙여고 지평선고

■ 제주특별자치도 교육청(IB 담당부서/국제학교 · IB팀)

전체 현황: 총 17교(관심학교 4교, 후보학교 5교, 인증학교 8교)

구분	PYP			MYP			DP		
	관심	후보	인증	관심	후보	인증	관심	후보	인증
학교수	1	5	5	3	0	2	0	0	1

세부 학교 현황

구분	PYP			MYP			DP		
	관심	후보	인증	관심	후보	인증	관심	후보	인증
학교명	보목초	가마초 성산초 시흥초 장전초 한마음초	온평초 제주북초 토산초 풍천초 표선초	애월중 제주 중앙여중 제주 사대부중	없음	성산중 표선중	없음	없음	표선고

■ 충청남도 교육청

전체 현황: 총 17교(준비학교 8교, 관심학교 9교)

구분	PYP			MYP			DP			
	준비	관심	후보	준비	관심	후보	준비	관심	후보	인증
학교수	2	2	0	5	2	0	1	5	0	1

세부 학교 현황

구분	PYP		MYP		DP		
	준비	관심	준비	관심	준비	관심	인증
학교명	정미초 홍동초	수덕초 석송초	덕산중 동성중 서야중 홍주중 쌍용중	온양한올중 청양중	서야고	공주고 덕산고 온양한올고 충남외고 한일고	충남삼성고

■ 충청북도 교육청(IB 담당부서/중등교육팀)

전체 현황: 총 9교(준비학교 9교)

구분	PYP			MYP			DP		
	준비	관심	후보	준비	관심	후보	준비	관심	후보
학교수	3	0	0	2	0	0	4	0	0

세부 학교 현황

구분	PYP	MYP	DP
	준비	준비	준비
학교명	감곡초 동주초 증평초	옥천중 충주미덕중	일신여고 제천여고 중앙탑고 청주외고

대구 IB와 제주 IB는
좀 달라요

대구 & 제주 IB 학교 주변 환경

2019년 9월부터 제주와 대구에서 공교육 학교에 IB를 최초로 도입했다. 지금은 IB 월드스쿨로 인증받은 학교가 가장 많은 곳은 대구이다. 자녀 교육으로 IB 학교를 선택하고 이사한다면 부모가 선호하는 주변 환경에 따라 제주 IB이냐, 대구 IB이냐로 선택지가 달라질 수 있다.

아무래도 어린 자녀들을 키우는 부모들은 산과 바다가 어우러진 자연환경이 있는 제주를 선호하는 경우가 있는가 하면 수도권과의 교통이 편리하고 여러 학원과 문화 생활을 충분히 누릴 수 있는 도시 생활이 편한 부모들은 대구를 선호한다.

두 곳의 학교 근처 풍경은 정말 다르다. 제주시에 있는 제주북초 이외

IB 인증학교가 몰려 있는 제주도 남동쪽 서귀포시 표선면은 제주도 내에서도 인구 소멸 지역일 만큼 시내와 거리가 상당한 곳이다. 그만큼 젊은 세대의 부모와 아이들이 많이 거주하는 지역이 아니었다. 그래서 큰 상가나 학원들도 많이 있지 않으며 면 단위 소재지의 일반적 풍경이다. 다른 대도시의 생활 환경과 비교한다면 상대적으로 많은 것을 포기해야 하는 환경이지만 사람 사는 곳이 다 그러하듯 있을 것은 다 있으며 오히려 빨리 빨리 문화속에 길들여진 우리에게 기다림의 미학을, 삶의 여유로움을 느낄 수 있는 곳이다.

그래서 제주를 선호하는 이유 중 가장 큰 장점은 언제든지 발에 물을 담글 수 있는 해변이 가까이 있고, 가족의 취향에 따라 평일, 주말 상관없이 바다며 오름을 다닐 수 있는 자연환경과 더불어 사는 추억을 쌓을 수 있다는 것이 부모들의 마음을 움직이게 하는 부분이 아닐까 싶다.

대구는 IB 도입부터 현재까지 교육감의 IB 프로그램을 통한 공교육 혁신 추진 정책으로, 지속적으로 IB 학교가 확대되고 있다. 그 결과 대구 전 지역에 걸쳐 IB 월드스쿨이 골고루 분포하고 있으며 도심 지역은 물론이거니와 대구 중심지와 1시간 정도 떨어져 있는 군 단위 읍면 소재 지역에도 IB 학군지 학교가 있다.

대표적으로 대구광역시 달성군 현풍읍 · 유가읍 지역은 IB 학교 초중고 연계가 되어 있고 여느 신도시처럼 아파트 단지를 중심으로 주변 상가와 학원들도 잘 구성되어 있다. 또한 도서관과 생활체육 시설도 잘되어 있어 도심지에 익숙한 가족들은 편리한 생활을 할 수 있다.

만약 내가 사는 지역에서 가까운 곳에 IB 인증학교가 있다면 굳이 이사를 할 필요 없이 그곳을 다니는 게 최상이다. 아직 자녀 나이가 어리다면 인증 시기까지 일반 학교에 다니다 같은 지역 내에서 전학을 고려해도 늦지 않다. 그러나 여건상 대구와 제주 지역의 IB 학교에 자녀들을 전학시켜 공부하는 것을 신중하게 고려하고 있다면 대구와 제주 두 곳에 꼭 사전 답사를 다니면서 학교뿐 아니라 주변 환경을 꼭 살펴보시기를 추천한다.

대구광역시 현풍읍 주변 환경

[현풍초,포산중 전경]

[현풍초등학교 주변]

[유가읍 도로 상가와 중앙공원]

제주 서귀포시 표선면 주변 환경

[표선초등학교 전경]

[표선중학교 주변]

[표선면 중심 도로 상가와 표선 해수욕장]

IB 학교의 초-중-고 연계성

IB 프로그램을 알아보고 대구와 제주의 IB 학교로 많이 선택하는 학부모들의 큰 이유 중 하나는 한 지역에서 다른 지역으로의 중도 이사 없이 PYP, MYP, DP로 이어지는 IB 학교에 다닐 수 있기 때문이 아닐까 싶다. 그런 이유로 많은 가정이 대구나 제주로 이동하여 제주 지역의 경우 이제는 더 이상 반을 늘릴 수도 없는 초과밀 학급이 되어 IB 교육의 효과마저 퇴색되지 않을까 우려되는 상황이다.

우리나라의 수도권인 서울, 경기도, 인천에서도 IB 학교를 확대하고 있다. 더불어 IB를 도입한 각 지역의 교육 당국에서도 IB 학교 간 연계성을 바탕으로 동일 지역 내 소재한 학교를 묶어 IB 벨트를 추진하는 것이 IB를 선택할 학생들을 지원하는 정책적 우선순위라고 생각하며 특정 지역으로만 학생이 쏠리는 현상을 방지할 수 있다고 본다.

IB 학교를 긍정적으로 경험하고 만족했던 대다수 학생과 학부모가 기존 학교로 다시 돌아가는 역선택을 하는 것은 IB 프로그램을 경험한 시간이 많을수록 쉽지 않다고 본다. 그렇기에 IB 프로그램을 운영하는 초, 중, 고등학교의 동일 지역 내 연계 문제는 학부모들이 관심을 두고 지켜볼 수밖에 없는 너무나 중요한 이슈이다.

하지만 작년부터 올해까지 IB 프로그램을 도입하는 경기, 전남, 전북, 서울, 충남, 충북, 인천, 경북, 부산 등 지역의 IB 학교 도입 지역 현황을 살펴보면 아쉬운 점이 너무 많다. 그 이유는 학부모의 입장에서 볼 때 일부 지역을 제외하고 초중고가 연계된 IB 학교 지역이 많이 보이지 않기 때문이다. 예를 들어 한 동네에서 IB 학교 초중고가 연계되지 않으면 학년이 올라갈 때마다 이사를 해야 하는 상황이 발생할 수 있다. 나이 차이가 많은 형제가 있는 가정이면 이동이 더욱 힘들 수밖에 없다. 그러므로 자녀교육을 위해 이사를 최소 한 번 이상 갈 수밖에 없는 현실에서 IB 프로그램을 연속해서 이수할 수 있도록 제도적으로 보완되어 하루빨리 개선되었으면 한다.

제주 표선 지역의 경우 읍, 면 단위에 중학교가 1개씩만 있기 때문에 지역 특성상 학군에 주소지만 확인이 되면 우선 배정 가능하다. 또한 학군지외 제주형 자율학교는 선택해서 지원할 수 있기 때문에 현재까지는 표선면 내 PYP를 운영하는 초등학교를 졸업하면 MYP를 운영하는 중학교로 바로 연계할 수 있다. 그리고 제주 최초 IB월드스쿨인 표선고등학교는 과거 미달이었던 학교 모습을 찾을 수가 없다. 이제 더 이상 미달 학교가 아니기 때문이다. 점점 표선고등학교를 희망하는 학생은 늘어가는데다가 비평준화 고등학교이기 때문에 중학교때 내신 성적이 좋지 않으면 들어갈 수 없는 학교로 점점 학업 수준이 높아지고 있는 상황이다.

2024년 기준 표선고등학교의 1학년 정원은 약 120명 정도인데, 표선중학교 1학년 정원은 약 180명 정도이다. 만약 3년 뒤 이 학생들이 표선고등학교에 다 지원하지 않더라도 현재로선 누군가는 표선고등학교를 가고 싶어도 갈 수 없는 턱없이 부족한 정원이다. 제주도의 유일한 IB DP 학교이기 때문이다. 심지어 제주시와 수도권의 다양한 시도에서도 IB를 바라보고 계속해서 전학을 오기 때문에 표선중학교 학생 수도 점점 늘어나고 있다. 이곳마저도 교실 등 학교 여건상 더 이상 전학생의 수용 불가능한 시점이 다가올 것으로 보인다.

더불어 IB 월드스쿨인 성산중학교에서도 표선고등학교에 지원하므로 앞으로 표선고등학교에 진학하고자 하는 학생들은 중학교 때에도 내신 성적 관리가 필수인 상황으로 가고 있다. 그나마 다행인 점은 제주 시내권 고등학교에서 DP 인증학교가 생겨날 여지가 있다는 부분이나, 인증 과정에 드는 시간으로 볼 때 DP 인증 고등학교의 부족 문제는 제주뿐 아니라 대구 지역의 초중등 과정에서 IB 학교 재학생 숫자가 늘어날수록 부각될 수밖에 없기 때문에 빠른 시일 내로 해결 되어야 할 요소이다.

그렇다면 같이 시작한 대구 지역 IB 학교 현황은 어떠한지 살펴보자. 제주는 제주 시내 2곳 외 특정 읍면 지역에 IB 학교가 몰려 있다. 이와 달리 대구는 지역 곳곳에 IB 학교가 많이 있다. 하지만 제일 먼저 주의할 점은 대구 지역 학교는 추첨 배정이라는 사실이다.

대구 지역의 경우 PYP를 운영하는 초등학교를 졸업하더라도 MYP를 운영하는 학교에서 정원 내 우선 지원으로 30%만 IB 학교 졸업생을 선발하기 때문에 지원해도 떨어질 수 있는 변수가 있다. 이에 따라 일반 학교로 진학 후, 중간에 전학하고자 한다면 해당 학교에 전학할 수 있는 T.O가 있는지 수시로 확인해 결원이 생길 때 움직일 수 있다. 그리고 결원이 생기더라도 기존에 살던 주소지와 같은 동네에서는 전학은 불가함으로 다른 구에 있는 IB 학군지를 알아보아야 하는 단점이 있다.

이렇게 IB를 가장 적극적으로 확대하고 있는 대구 지역도 IB 학교에 자녀가 다니더라도 상급 과정에서 연속성 있게 IB 교육을 받지 못하는 상황이 발생할 경우의 수가 있다. 그러므로 대구를 포함한 IB를 도입한 교육청의 모든 지역에 동일한 문제가 발생할 것으로 예측이 가능하다.

이에 IB 학교에 자녀들을 연속성 있게 IB 학교를 졸업하고, 이어서 상급단계의 IB 학교로의 진학이 가능하도록 교육 당국에 지역 내 초중고 학교를 묶어서 IB 학구를 지정해 줄 것을 요청하거나 또는 근거리의 IB 학교끼리 연계하여 우선 배정으로 진학이 가능하게 하는 것과 같은 합리적인 대책을 세워줄 것을 요청하는 목소리를 내는 것이 필요하다고 본다.

대구와 제주 지역 DP 운영 고교의 공통점과 차이점

국내 교육계에 IB 프로그램 도입을 최초로 도입하고 그 이후로도 IB 학교를 정책적으로 확대하고 선도하여 가장 앞장서 나아가는 곳은 대구광역시 교육청이다. 제주에는 표선고등학교가 유일한 DP(디플로마 프로그램) 운영 월드스쿨이지만, 대구에는 대구외고, 경북사대부고, 포산고에 이어 디플로마 과정을 인증받은 대구국제고, 대구서부고가 늘어나 현재는 총 5개의 학교가 DP 프로그램을 운영하는 월드스쿨로 운영되고 있다. 대구와 제주 지역의 현재 운영 중인 학교들을 중심으로 두 지역 DP 학교들의 공통점과 차이점에 대해 알아보면 다음과 같다.

IB 디플로마 프로그램을 운영하는 대구와 제주 지역의 모든 학교는 이수 과정에 다음과 같은 공통점이 있다. IB 프로그램을 이수하는 학생도 국내 고교 졸업을 위해 필요한 수행평가 및 지필평가(중간, 기말고사)를 치러야 한다. 또한 고등학교 1학년(Pre-DP) 과정의 경우 일반 학급의 학생들과 동일한 과목으로 수업을 받고 평가도 같이 진행한다. 또한 대구와 제주 지역 모두 동일한 DLDP(Dual Language Diploma Program)과정으로 IB DP의 6개 교과군 중 4개 과목은 한국어로 수업 및 평가가 진행되고, 2개 과목은 영어로 수업 진행 및 평가가 이뤄지고 있다. 또한 디플로마 과정의 핵심 과정인 지식론(TOK), 소논문(EE), 창의 · 봉사 · 활동(CAS) 및 주요 6개 교과목(선택 과목은 학교별 차이 있음)을 이수하게 된다.

IB DP를 이수하고자 하는 학생들은 학교에서 개설한 IB DP 6개 교과군(Group 1~6)에서 기본 수준(Standard Level, SL) 3과목과 심화 수준(Higher Level, HL) 3과목을 학생의 희망 진로에 따라 적절히 선택해서 이수해야 한다.

참고로 IB DP 성적 평가는 교과 담당 교사가 출제 및 채점을 하고 IBO에서 점수를 확인하여 필요시 조정하는 내부 평가와 IBO에서 전 세계 IB 학생들을 대상으로 출제 및 평가를 진행하는 외부 평가로 이뤄진다. 이를 통해 학생들은 일정 비율로 계산된 내부 평가와 외부 평가 점수가 합산된 최종 성적을 받게 된다.

IB DP는 공통적으로 6과목 중 4과목은 한국어로 내부 및 외부 평가를 보게 되지만, IB영어외 선택과목 1과목은 내부평가, 외부평가 모두 시험을 영어로 치러야 한다.

IB DLDP 규정상 "영어로 이수"한다는 것의 규정은 시험을 영어(내부평가, 외부평가 모두)로 치르는 것이 의무인 것이고, 수업 자체는 어느 나라 언어로 해도 된다. 다만 평소 수업에서 영어로 평가하는 것이 익숙치 않으면 시험에서도 어려울 수 있기 때문에 최대한 영어로 시험보는 것을 대비

할 수 있도록 가르치고 있다고 한다.

　대구와 제주의 IB DP 운영학교의 가장 큰 차이점은 무엇이 있을까? 바로 IB 프로그램의 학교 운영 방식의 차이이다. 제주 지역의 DP 학교는 학교 단위로 운영되어 전교생에게 DP 수업을 진행하는 반면, 대구 지역의 DP 학교는 기존 교육과정 체계로 수업이 운영되는 다수의 학급과 IB 프로그램을 도입하여 운영되는 1~2개 소수의 학급으로 이원화되어 학급 단위로 DP 수업을 운영하고 있다. 이렇게 한 학교에서 두 가지 방식의 교육 프로그램이 운영되다 보니, IB 프로그램을 이수하고자 하는 학생은 입학 전 교육청에서 제공하는 IB 체험 수업과 개별 상담 등을 통해 IB 프로그램에 대한 이해도를 높이고 IB 반을 선택하는 것이 좋다.

　IB를 국내 공교육에 최초로 도입한 초기부터 현재까지 IB 관련 정책과 지원을 펼친 대구의 경우 학교가 여러 곳이 있는 만큼 다양한 IB 탐색 프로그램을 운영한다. 일례로 지난 2024년 7월에 대구에서는 대구광역시 교육청 주최 2024 대구 진로 진학 박람회가 열렸다. 박람회 기간 대구 지역 IB 월드스쿨 학교에서 참여하여 학교별 IB 프로그램을 소개하고 학생과 학부모를 대상으로 개별 상담도 진행했다.
　해당 박람회에 다녀온 한 커뮤니티 회원은 DP 인증학교에서 다 동일한 과목이 운영되지 않으며, 자녀 대학 전공 진로에 맞춰 학교 개설 과목을 사전에 확인해야 한다는 것을 알게 되었다고 한다.

    DP 학교 운영 방식에 따라 학교별 6개 교과군 개설 운영 과목에 차이가 있다. 현재는 인증 초기 상황이기 때문에 학교마다 IB 프로그램을 이수 할 학생과 IB 교사 인력풀이 많지 않기에 한 학교에서 다양한 과목을 개설할 수 없는 형편으로 보인다. 그렇기 때문에 각 학교에서 IB 프로그램을 이수 하고자 하는 학생은 되도록이면 대학 진학 시, 희망 전공과 연계성이 있는 교과목을 심화 수준(HL)으로도 선택할 수 있는 DP 학교를 추천한다.

    이와 관련된 학교별 교육과정 관련 정보는 학교 홈페이지 및 안내 자료에 자세하게 안내되어 있다. (매년 학교별 운영 과목에 변동이 있을 수 있으니 입학 지원 전에 학교에 사전 확인 필요)

대구 경북사대부고에서 운영하는 DP 과목들을 살펴보면 대학의 다양한 전공을 희망하는 학생에게 적절한 교과목으로 구성되어 있음을 확인할 수 있다. 학교는 학기 중 또는 방학 중 방과 후 수업으로 디플로마 과정을 준비하는 프로그램인 독서, 글쓰기, 과학 실험 설계, 영어 글쓰기, 수학 과목을 위한 공학용 계산기 실습 및 연극 동아리 등을 구성하여 학생들에게 제공하며 IB 학생들은 필수 참여해야 한다.

운영 과목의 특성을 고려할 때 대학에서 인문사회, 공학계열, 의과학계열, 이학계열 등 관련 학과를 진학하고자 하는 학생이 관심을 가져 볼 수 있다.

교과군	과목	기본 수준(SL)	심화 수준(HL)	비고
		주당 3시간	주당 4-5시간	
Group1	언어와문학	-	IB언어와문학	6개 교과 중 2개 교과목 영어로 평가, (*과목 영어로 평가하는 과목)
Group2	언어습득	IB영어 B*	IB영어 B*	
Group3	개인과사회	IB역사	IB역사	
Group4	과학	IB생명과학 IB화학 IB물리학*	IB생명과학 IB화학	
Group5	수학	IB수학분석과접근	IB수학분석과접근	
Group6	예술	IB영어연극이론과창작*	-	

[경북사대부고 IB DP 운영 과목 현황, 출처: 학교 입학 안내 브로셔]

대구 국제고는 2023년 월드스쿨로 인증되어 2023년 Pre-DP를 한 1학년 학생들이 2024에 2학년이 되어 DP 프로그램을 이수하고 있다. 운영 과목 중 IB 경제 과목이 영어로 진행되며 기본 수준(SL)과 심화 수준(HL)이 동시에 운영되고 있다. 학교 특색에 걸맞게 미국, 영국에 있는 IB 학교와 교류 프로그램을 추진하고자 하는 것이 눈여겨볼 만한 점이다. 운영 과목의 특성을 고려할 때 대학에서 인문 사회, 상경 계열 등 학과를 진학하고자 하는 학생이 관심을 가져볼 수 있다.

| 교과군 | 과목 | 기본 수준(SL) | 심화 수준(HL) | 비고 |
		주당 3시간	주당 4-5시간	
Group1	언어와문학	-	IB언어와문학	6개 교과 중 2개 교과목 영어로 평가, (*과목 영어로 평가하는 과목)
Group2	언어습득	-	IB영어*	
Group3	개인과사회	IB역사 IB경제*	IB역사 IB경제*	
Group4	과학	IB생명과학 IB화학	-	
Group5	수학	IB수학분석과접근	-	
Group6	예술	※Group3 IB경제*로 대체	-	

[대구국제고 IB DP 운영 과목 현황, 출처: 학교 입학 안내 브로셔]

대구 서부고는 2024년 월드스쿨로 인증되어 2024 Pre-DP IB 프로그램이 적용되고 있다. 과목 특색은 IB 시각예술 과목이 영어로 진행되며 기본 수준(SL)로 운영되고 있다. 운영 과목의 특성을 고려할 때 대학에서 인문 사회, 상경 계열, 이공계열, 의과학, 예술 및 디자인 관련 학과를 진학하고자 하는 학생이 관심을 가져 볼 수 있다.

교과군	과목	기본 수준(SL)	심화 수준(HL)	비고
		주당 3시간	주당 4-5시간	
Group1	언어와문학	-	IB언어와문학	6개 교과 중 2개 교과목 영어로 평가, (*과목 영어로 평가하는 과목)
Group2	언어습득	IB영어*	IB영어*	
Group3	개인과사회	IB역사	IB역사	
Group4	과학	IB생명과학 IB화학	IB생명과학 IB화학	
Group5	수학	IB수학분석과접근	IB수학분석과접근	
Group6	예술	IB영어연극이론과창작* IB시각예술*	-	

[대구서부고 IB DP 운영 과목 현황, 출처: 학교 입학 안내 브로셔]

대구외고는 2021년 9월 월드스쿨로 인증되어 2022년부터 언어 교육에 집중된 IB 프로그램을 운영하고 있다. 2024년 IB 프로그램 운영 3년 차로 학교 특색과 맞게 언어 관련 2개 과목은 모두 심화 수준(HL)으로 선택해야 한다. 운영 과목의 특성을 고려할 때 대학에서 인문 사회, 상공계열, IT, 의과학 계열 관련 학과를 진학하고자 하는 학생이 관심을 가져볼 수 있다.

교과군	과목	기본 수준(SL)	심화 수준(HL)	비고
		주당 3시간	주당 4-5시간	
Group1	언어와문학	-	IB언어와문학	6개 교과 중 2개 교과목 영어로 평가, (*과목 영어로 평가하는 과목)
Group2	언어습득	-	IB영어*	
Group3	개인과사회	IB역사	IB역사	
Group4	과학	IB생명과학 IB화학 IB물리학*	-	
Group5	수학	IB수학분석과접근	IB수학분석과접근	
Group6	예술	IB영어연극이론과창작*	-	

[대구외고 IB DP 운영 과목 현황, 출처: 학교 입학 안내 브로셔]

포산고는 대구외고와 함께 2021년 월드스쿨로 인증되어 2022년부터 IB 프로그램을 운영하고 있다. IB 물리학이 영어로 심화 수준(HL)까지 개설된 점이 특색이다. 학교 인근 국가 학술 연구 기관과 교류를 통해 DP 학생들의 학업 역량을 높이고 있다. 운영 과목의 특성을 고려할 때 대학에서 인문 사회, 이공계열, 이학 등 관련 학과를 진학하고자 하는 학생이 관심을 가져볼 수 있다.

교과군	과목	기본 수준(SL)	심화 수준(HL)	비고
		주당 3시간	주당 4-5시간	
Group1	언어와문학	-	IB언어와문학	6개 교과 중 2개 교과목 영어로 평가, (*과목 영어로 평가하는 과목)
Group2	언어습득	IB영어*	IB영어*	
Group3	개인과사회	IB역사	IB역사	
Group4	과학	IB생명과학 IB화학 IB물리학*	IB생명과학 IB화학 IB물리학*	
Group5	수학	IB수학분석과접근	IB수학분석과접근	
Group6	예술	IB영어연극이론과창작*	-	

[포산고 IB DP 운영 과목 현황, 출처: 학교 입학 안내 브로셔]

마지막으로 제주 표선고등학교는 2021년 월드스쿨로 인증되어 2022년부터 IB 프로그램을 운영하고 있다. 현재로선 IB 디플로마 프로그램 운영학교 중 가장 많은 과학과 예술 과목 영역에 다양한 선택 과목들을 구성하여 학생의 선택폭이 있다는 점이 장점이다. 또한 학교에서 미제공되는 과목 이수를 온라인 강좌나 도교육청에서 제공하는 공동 교육과정으로 이수할 수 있다. 운영 과목의 특성을 고려할 때 대학에서 인문 사회, 이공계열, IT, 의과학, 예술 및 디자인 관련 학과를 진학하고자 하는 학생이 관심을 가져볼 수 있다.

교과군	과목	기본 수준(SL)	심화 수준(HL)	비고
		주당 3시간	주당 4-5시간	
Group1	언어와문학	IB 언어와문학	IB 언어와문학	6개 교과 중 2개 교과목 영어로 평가, (*과목 영어로 평가하는 과목)
Group2	언어습득	IB영어B*	IB영어B*	
Group3	개인과사회	IB세계사	IB세계사	
Group4	과학	IB생명과학 IB화학, IB물리학*	IB생명과학 IB화학	
		IB컴퓨터과학*	-	
Group5	수학	IB수학분석과접근	IB수학분석과접근	
Group6	예술	IB영어연극이론과창작* IB 비주얼 아트*	-	

[표선고 IB DP 운영 과목 현황, 출처: 학교 입학 안내 브로셔]

현재 인증을 받은 여러 학교에서 학생들의 대학 전공 진학 분야의 다양성을 확대하기 위해 추가로 학생들이 선택할 수 있는 과목을 준비 중이라는 소식도 있다. 이에 학생과 학부모는 향후 진학하고자 하는 학교에서 개최하는 IB 프로그램 설명회에 참석하여 해당 부분을 사전에 확인하고 지원하시길 바란다.

5

IB 도입 이후
아직도 가야 할 길

IB 학교 과밀을 알고 계시나요?

현재 제주 IB 학교에 현황에 관해 더 자세한 이야기를 해보겠다. 인구 소멸 지역이었던 제주 표선 지역 초중고에 IB 프로그램이 도입되면서 나와 같은 생각을 하는 부모들이 점점 늘어나고 IB 학교에는 학생 수가 급증하기 시작했다.

앞서 얘기한 제주 표선고등학교는 물론이거니와 표선중학교도 점차 정원이 늘고 있는 가운데 3년 전 표선초등학교는 각 학년이 2개 반이었는데 지금은 모든 학년이 3개 반으로 늘어나 6개 반(150여 명)이 확대되었으며 특히 2~4학년은 교실이 부족하여 과밀인 상태가 되었다.

2023년에 모듈러 교실 5개 반을 추가로 설치했음에도 불구하고 여전히 교실 부족 사태가 일어나고 있다. 표선초등학교의 경우 IB를 도입하여 2

년 만에 150명에서 약 420명으로 학생 수가 늘어났다. 읍·면지역에 학생 수가 이렇게 늘어나는 현상은 정말 이례적인 일일 것이다. 표선중학교 또한 교실이 부족해 올해 증축을 시작해 여름에 완료했고, 올해 중학교 1학년은 5개 반에서 7개 반으로 2반이 늘어났다.

그렇다면 점점 이렇게 과밀화가 되어가는 표선초·중학교에 IB을 하기에 적절한 학생 수는 몇 명일까? 현재 제주교육청에서 공개된 한 학급당 인원은 25(+2)명이다. 최대 27명까지 1개 반 인원이며 2개 반이 합쳐 55명이 넘어야 3개 반으로 나눌 수 있다는 것이 교육청의 증반 관련 규정이다. 이에 따라 증반 인원에 충족하지 않으면 한 반에 27~28명을 배정해 과밀인 상태로 운영해야 하는 경우도 발생할 수 있다. 새 학기 시작 전인 1월 초에 학급 수용 인원이 확인되어 분반 여부가 결정되기에, 이 시기에 학생 수가 1명이라도 부족하면 과밀이더라도 증반이 안 된 상태로 1년을 지내야 한다.

하지만 다른 지역에서 전학을 오고자 하는 경우 부모들은 이전 학교에서 학기를 마치고 이동하는 경우가 많다 보니 1월 초에 이사하고 전입까지 마치는 가정은 드물고, 빨라야 1월 말에서 2월 중순 사이에 나오는 집을 구해 이사하는 경우가 보통이다. 문제는 이 시기에는 교사 배정과 반 배정이 다 끝난 상황이기 때문에 3월 초까지 계속된 전학생 증가로 학급당 학생 수는

30명에 육박하고 과밀인 상태로 수업이 진행되는 상황에 놓여 있다.

프로젝트 발표나 토론형 수업으로 진행되는 IB 프로그램의 특성을 고려한다면 30명에 가까운 학생들이 모인 학급에서 수업이 제대로 진행될 수 있을까 하는 우려가 적지 않다. 이는 IB 학교를 떠나 모든 과밀 학급으로 운영되는 학교에 다니는 자녀의 학부모라면 누구나 공감할 수밖에 없는 문제이다.

2022 개정 교육 과정의 시행과 더불어 아이들을 중심으로 한 교사와 학생 사이의 상호작용을 바탕으로 하는 수업의 질을 높이려면 학급 당 정원을 최대 15~20명 내외로 줄여 운영될 수 있도록 학부모들이 목소리를 높이고, 이어 교육 당국에서도 관련 제도가 개선되었으면 하는 바람이다.

DP(디플로마 프로그램)을 도입한 학교 확대가 절실해요

점점 많은 부모들이 자녀에게 IB를 교육하기 위해 대구나 제주로의 이주를 생각하지만 현실적으로 이사를 하지 못하는 가정들도 많다. 초중등 과정에 해당하는 PYP나 MYP를 하지 않고 우리나라의 교육과정을 충실히 이수하여 기본을 탄탄히 다졌다면 DP 과정에 진학해 과정을 이수하는 데 문제가 없음을 2024년 대학에 진학한 대구와 제주 지역의 DP 학교 1기 졸업생들이 보여 주었다.

그러므로 초·중학교 때 IB 학교에 다니지 않고 DP 학교에 진학할 수 있도록 각 지역 고등학교에서 DP를 운영하는 인증학교가 많이 확대되어야 한다고 본다. 그러나 현실에선 우리나라의 현 대학 입시 제도와 맞지 않고, 그에 따라 대학 진학에 불리한 요소가 많다는 이유로 서울 및 수도권 지역의 경우 PYP, MYP 학교 수에 비해 DP(디플로마 프로그램)를 진행하고자 하는 학교 수가 턱없이 부족한 게 아닌가 싶다.

학부모로서 우려스러운 것은 IB 프로그램의 핵심인 DP를 운영하는 학교가 늘어나지 않는다면 초중등 과정의 PYP와 MYP가 무슨 소용이 있을까 하는 점이다. 경기도를 필두로 몇몇 지역에서 많은 혁신 학교를 운영했지만, 결국 고등학교에 가서 기존 입시를 준비해야 하기 때문에 혁신 학교는 초등까지라는 말이 있었다. 이는 우리나라 대입시험의 문제이기도 하지만, IB교육도 DP 인증학교를 확대하지 않는다면 PYP와 MYP에서 공부한 학생들이 IB 프로그램의 꽃인 DP를 하지 못하고 기존 교육으로 회귀하여 길을 잃어버리게 될까 우려스럽다. IB 프로그램을 초중등 과정에서만 하고 학생의 진로에 따라 고등학교를 일반 학교로 진학하는 경우도 있겠지만, IB 도입 초기부터 IB를 선택해서 배우고 성장하는 학생들은 대부분 IB를 운영하는 DP 인증 학교로 진학하고자 할 것이다. 그래서 교육 당국은 늘어나는 기존 초중등 과정의 IB 학생이나 고등 과정에서 IB를 선택하고자 하는 학생들을 고려하여 DP 인증학교를 지속적으로 확대해 주시길 간곡히 요청드린다.

IB를 선택하는 학생들이나 학부모는 IB가 급변하는 이 시대에 대응하는 교육이라 생각하기 때문에 IB를 선택하는 부분이 있다. 물론 나와 다르게 생각하는 부모들도 있겠지만, 공교육에 IB를 도입했다면 고등학교까지 연계할 수 있도록 학교는 확대되어야 한다고 본다. 그렇게 교육 수요자인 학생들이 다양하게 선택할 수 있는 교육적 선택지로서 IB가 자리매김했으면 한다.

IB 프로그램을 운영하는 학교를 원하는 부모들이 점점 많아지고 있는 상황을 접하고 있기에 IB를 도입한 지역의 교육 당국은 더 기민하게 움직여 준비하리라 본다. IB 프로그램을 이수하고 있는 지역의 초등학생, 중학생 수를 고려하여 DP(디플로마 프로그램)를 진행하는 학교를 늦지 않게 확대하여 IB 수업의 효과와 만족도가 더 많은 학생과 학부모 사이에 확인된다면 공교육의 바람직한 변화의 방향성에 대한 공감대와 인식이 더 퍼져나가지 않을까 조심스레 예측해 본다.

IB 교사를 신뢰하고 지원해주세요!

IB에 관해 관심을 가진 부모들은 IB 교사의 역량을 많이 걱정한다. 그러나 학생들을 위해 노력과 수고를 아끼지 않는 것을 옆에서 지켜본다면 교사의 역량을 쉽게 판단할 수 없을 것이다. 교육은 뚝딱 만들어지는 것이 아니지 않은가! IB 코디네이터 선생님이 설명회 때 하신 말씀이 있었다. 3년의 세월은 정말 피, 땀, 눈물이었다고…. 1년 간 후보학교에서 인증과정을 간접적으로 경험한 나도 정말 대단하시다 여겼는데 오롯이 힘든 3년을 겪은 분들의 마음을 어떻게 다 헤아릴 수 있을까 싶다.

 IB가 한국어화 되어 도입된 이후부터 대구교대, 인하대, 남서울대, 한동대, 경북대, 경인교대에서 IBEC 교원양성과정이 진행되고 있다. 제주대도 최근 IBEC 승인을 받아 운영이 본격화되고 있고, 그외에 승인을 준비하는 대학들도 몇몇 더 있다고 한다. 하지만 4년이 된 현재 IB 학교를 늘리고자 전국적으로 교사들이 IB 연수를 받고 있지만 IB 교사 수는 부족한 것이 사실이다.

 여러 이유가 있겠지만, IB 학교는 업무가 많아서 교사들 사이에서 일이 많기로 소문이 난 학교가 되어 있다고 한다. 아이들 학교도 보면 새 학기에 통통했던 교사들이 3개월만 지나면 수척해진 모습이 역력하다. 아무리 좋은 교육이라도 이를 교실에서 진행하는 교사의 근무 여건이나 만족도를 무시한 채 운영할 수 없다.

 IB 교사들을 대상으로 설문조사를 해본 결과 교사인 자신도 교사로서의 단기간의 큰 성장을 하게 되었고 학생들이 일반 학교에서 보다 더 주도적이고 능동적으로 바뀌면서 큰 성장을 이뤄가는 모습을 볼 때면 큰 의미가 있다고 생각되었다고 하였다.

하지만 IB 교사는 끝없는 교육과정, 평가, 자료 개발 등으로 인해 늦은 시간에 퇴근해야 할 때가 많다고 한다. 학생들의 기초 학력도 보강해야 하고 아이들의 개인 피드백도 해주며 교정해 주어야 하는데 교사들이 수업을 연구할 시간이 있을지 걱정이 된다. 정말 교사로서의 사명감을 가지고 일하시고 계신다고 생각하게 되었다. 이에 IB 프로그램을 운영하는 수업의 질을 높이기 위해서라도 교육부와 교육청에서는 IB를 담당하는 교사에 대해 이전보다 다양한 지원과 불필요한 행정 업무를 최소화 할 수 있도록 지원해주시길 바란다.

제주 IB 교사의 경우 최소 4년, 연장 근무까지 8년 동안 한 학교에 있을 수 있다고 한다. 최근에는 IB 학교에 신임 교사들이 많이 오셨다. IB 수업을 이끄신 분들에 한해서는 장기적으로 IB 학교에 머물며 신규 교사를 양성할 수 있도록 하고, 일반 배정이 아닌 IB 교사들은 IB 학교들을 돌아가면서 IB 교사들을 양성하는 게 IB 교사들의 수업 역량을 높일 수 있다고 생각한다. 행정적 절차에 따라 수시로 바뀌는 인사 시스템이라면 부모로서는 IB가 과연 정착할 수 있을까 의구심을 가질 수밖에 없다.

끝으로 IB 학교 부모님들께 당부드리고 싶은 말이 있다. IB 교사 중에는 젊은 교사들이 많다. 이분들은 경력이 많은 교사들보다 학교 경험이 부족할 수는 있지만 열정만큼은 베테랑 교사 못지않음을 보았다. 부모들은 젊은 교사들의 역량을 우려하기보다 교사로서 잘 성장할 수 있도록 아이들의 성장을 위하는 것과 같은 마음으로 교사들을 신뢰해 주면 좋겠다.

"IB 학교에서 최고의 교육을 바라고 왔는데, 실망이다."라는 민원을 제기하기보다 이러한 환경에 있는 교사 입장에서 서서 한 번 더 생각해 주고, IB 교사들을 전적으로 신뢰하고, 지지하고, 응원하며 교사, 학생, 학부모 3주체가 함께 협력하는 IB 공동체를 이루어 갈 수 있기를 바란다.

6

우리는 IB를 왜 해야 할까요

IB는 이제 세계가 주목하고 있다. IB 월드스쿨 인증 소식을 접하고 IB에 대해 알게 된 사실이 있다. IB의 꽃이라 말할 수 있는 DP(디플로마 프로그램)를 잘 이수한다면 대학에 가서도 아이들이 대학 수업에 잘 적응하는 것을 넘어 수월하게 학업을 이어갈 수 있는 역량을 기를 수 있다는 점을 확인한 것이다. 현재 남편은 대학에서 대학 전체의 교육 혁신을 담당하는 부서에서 일하고 있다. 그러다 보니 업무 특성상 국내 · 외 대학의 교육과정, 교수 학습법을 살펴보는 일이 많다고 한다.

대학에서 미래 교육 혁신 방향의 주요 주제와 방향을 설정할 때 시작점으로 삼아 주요 키워드를 참고하는 것이 역량 중심 교육을 담고 있는 「OECD Education 2030 프로젝트」 연구 자료인데, 이는 IB 프로그램뿐 아니라 우리나라 국가 교육과정에도 영향을 주었다고 한다. 원류가 같기에 국내 · 외 혁신적인 교육과정 변화의 기본 방향이 같음을 확인 할 수 있었다.

세계적 수준에서 월드클래스 레벨은 다양한 영역에 있다. IB는 그 태동이 국제기구 산하 외교관들의 자녀들을 교육하는 국제학교 프로그램으로 지난 60년 가까이 국제 공통 교육과정으로 그 교육의 수준을 늘 향상할 수밖에 없었다. 그렇기에 변화하는 시대적 상황에 가장 잘 대응할 수 있는 교육으로 IB 프로그램이 계속 진화해 왔다고 볼 수 있다. 이러한 IB를 한다는 것은 세계 수준의 국제교육에 우리 공교육이 함께 참여함으로 우리 아이들에게 시대 변화에 맞는 세계 수준의 교육을 받을 기회를 제공하는 것이라고 볼 수 있다.

현재 대학은 급변하는 시대에 맞춰 다양한 혁신을 시도하고 있다. 그중 세계 최고의 혁신 대학으로 평가받는 미국의 신생 대학인 미네르바 대학은 입학 이후 독특한 커리큘럼과 운영 방식으로 입학 경쟁률이 매년 높아진다고 한다. 전 세계 수많은 인재가 세계 최고 명문대학을 포기하고 이 대학에 들어가고 싶어 하는 이유는 무엇일까?

그 원인 중 가장 큰 것은 미네르바 대학만의 독특한 교육 커리큘럼에 있다고 한다. 미네르바 대학의 학생들은 온라인으로 수업을 듣고 세계 7개 지역에 있는 대학 캠퍼스(기숙사)를 돌며 각 국가나 지역에 기반한 경제/문화/산업과 글로벌 이슈를 직접 체험하고 현지 기업과 연계한 다양한 문제 해결 프로그램을 진행한다. 이를 통해 미네르바 대학은 전공 지식과 함께 전 세계 주요 경제문화권의 다양한 이해와 경험을 가진 문제해결형 인재를 키워내고 있기 때문이다. 그렇게 배출된 미네르바 대학교 졸업생들이 세계 최고의 기업에 입사해서 두각을 나타내고 있기에 기업에서 졸업생을 모셔가고, 이는 다시 입소문으로 입학 경쟁률이 오르게 하는 선순환 효과가 일어나고 있다. 우리나라에도 이 대학을 벤치마킹하여 한국판 미네르바 대학을 실현하고자 하는 태재대학교가 2023년 9월에 개교하여 1년이 지났다.

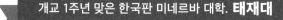

개교 1주년 맞은 한국판 미네르바 대학. **태재대**

태재대는 26일 서울 종로구 본관에서 개교 1주년 총장 간담회를 개최했다. 올해로 개교 1주년을 맞이한 태재대가 국내 대학 최초 미국 대학 인가를 준비하고 인공지능(AI) 시대에 맞춰 나노디그리(Nano Dgree) 형태의 특수대학원인 AI 아카데미도 신설한다.

내년 4월부터 현 1학년 재학생은 일본을 시작으로 미국, 중국, 러시아를 돌며 수학하는 '글로벌 인게이지먼트(Global Engagement)' 프로그램에 본격 참여한다. 학생들은 미국과 중국에서는 각 1년씩, 일본과 러시아에서는 각 1학기씩을 머물며 공부한다.

염재호 초대 총장은 "태재대 졸업생이 20~30년 뒤쯤 사회에서 활발히 활동할 시기가 오면 서울에서 사는 사람은 절반도 되지 않을 것"이라며 "대학이 학생의 글로벌화에 필요한 역량을 키워주는 것이 중요하다."라고 강조했다. 이어 "AI가 새롭게 변화시키는 새로운 세상이 올 것이고, AI가 교육에서 엄청난 변화를 일으키게 될 것"이라며 "이제는 학벌이 아닌 자신의 능력을 어떻게 키울지가 중요해질 것"이라고 전망했다.

[출처: 전자신문 에듀플러스 이지희 기자]

태재대학교는 아직 졸업생이 배출되지 않았지만, 교육과정과 학생 구성의 다양성을 봤을 때 미네르바 대학과 같은 졸업생들의 성장이 기대되는 학교이다. 더불어 내년부터 입학 시 전공을 선택하지 않고 무전공으로 대학에 입학하는 대학이 확대된다고 한다. 이러한 움직임은 모두 융복합 시대에 걸맞은 인재를 기르고자 하는 대학들의 다양한 교육혁신의 시도라고 볼 수 있다.

올해 대구와 제주의 IB 월드스쿨 고등학교에서 졸업한 1기 졸업생 중 일부도 서울대 등 여러 대학에 자유전공 학부로 입학했다는 소식을 들었다. 이 IB 학교 출신 학생들은 대학에서 어떻게 배움을 이어 나갈까?

IB를 초중고에서 배우고, 평생 학습자로서 생각하고 살아가는 힘이 체화되었다면 대학에서도 자신이 전공에서 배운 지식을 토대로 실제 삶의 현장에서 일어나는 다양한 문제를 발굴하고 해결하는 데 익숙할 것이다.

또한 대학원 과정에서도 좀 더 수월하지 않을까 생각한다. DP 과정 때 이미 자신만의 연구 주제를 선정해 소논문을 작성해 봤던 경험이 있고, 일부 교과에서 이뤄지는 수업 과정이 대학의 공부와 크게 다르지 않기 때문이다. 이는 IB 출신 학생들의 대학 생활 경험담을 통해 쉽게 확인할 수 있다.

IB DP 졸업생들은 자신만의 생각하는 힘을 기르는 과정으로 IB에만 있는 독특한 핵심 교육과정을 꼽는데 바로 지식론(Theory of Knowledge, TOK), 소논문(Extended Essay, EE) 과목이다.

지식론은 '우리가 아는 것을 어떻게 아는가?'를 핵심 질문으로 마치 대학 철학 수업의 인식론과 같은 과목을 필수 과목으로 배운다. 지식론 과정을 마칠 때, 발표 수업과 함께 IBO에서 제시한 6개 주제 중 하나를 학생들이 선택하고 준비하여 실제 생활과 지식 분야를 연결 지어 약 1,600단어 내외의 에세이를 통해 평가를 받는다. 지식론 수업을 통해 학생들은 내가 아는 게 진짜 안다고 할 수 있는 것인지, 그 앎의 근거는 무엇인지와 같은 지식의 본질을 탐구하면서 자연스럽게 자신만의 지적 체계를 쌓아 올릴 수 있는 독립적 사고를 훈련하게 된다.

소논문(EE)은 DP 과정을 이수하는 학생들이 자신만의 관심 있는 분야를 선정해 탐구 조사하여 약 4,000자 내외로 써내야 하는 과목이다. 이는 대학교 수준의 작문과 연구 능력을 배양시키기 위해 고안되었다고 한다. 고등학교에서 자신이 설정한 주제를 놓고 소논문을 배우고 쓰는 것이 학생들에게 어려운 과정일 수도 있겠지만, 그 과정을 통과하면 자신이 생각한 바에 대해 논리와 근거를 갖고 나름의 해결 방법을 제시하는 일련의 문제해결 프로세스를 배울 수 있게 된다.

7

이제는 교육 패러다임을
바꿔야 할 때

공교육 패러다임 전환은 시험부터 바꿔야

지난 2024년 4월 말 MBC에서 다큐멘터리 〈교실이데아〉(연출 : 김신완 PD)를 방영하였다. 〈교실이데아〉는 국내 지상파 방송 중에서 처음으로 객관식 상대평가 체제의 현 교육 패러다임에서 주관식 절대평가로의 교육 패러다임 전환을 모색하며 그 모델로 대구와 제주 지역의 공교육 고등학교에서 도입되어 운영 중인 IB 프로그램과 수업을 소개하는 내용이었다.

프로그램 전체의 도입부이자 문제 제기에 해당하는 1부에서 유효 기간이 다다른 우리나라 대학 수학능력시험의 한 단면을 보게 되었다. 실제 최근 치러진 주요 과목의 수능시험 문제를 놓고 각 과목에 해당하는 분야의 전문가, 대학교수, 영국 명문 고교 및 옥스퍼드 대학교의 엘리트 학생 등이 참여하여 각각 수학능력시험의 언어(국어), 수학, 영어 문제를 실제와 동일한 조건으로 보게 하고 점수를 공개하는 장면이 있었다.

　결과는 그야말로 대충격이었다. 참가자들의 점수가 그들이 가진 전문성이나 지식 수준으로 보더라도 편차가 심하게 나왔다. 이는 수능시험이 실생활이나 전문 지식과 관계없이 전문가들이나 영어권 국가의 엘리트 학생들조차 제한된 시간 내에 쉽사리 답을 찾기 어려운 시험임을 방송에서 확인할 수 있었다. 더불어 현 수능시험의 무용론과 함께 객관식 상대평가의 평가 과정에서 우리 학생들과 사회가 마주하게 되는 다양한 영역에서의 부작용과 폐해도 전문가의 의견을 빌어 다시 한번 상기시켜 주었다.

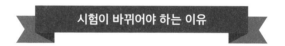

시험이 바뀌어야 하는 이유

쓰지 않을 능력을 익히느라 시간을 허비하지 않게 하려면
졸업하고 세상을 처음부터 다시 배우지 않으려면
배움이 평생 이어져야 할 일이라면
인내를 넘어 기쁨과 보람을 느끼고 싶다면
시험이 바뀌어야 합니다.

학생들의 생각이 억압받지 않으려면
권위에 눌려 침묵하지 않게 하려면
그래서 주체적인 시민을 만들고 싶다면
시험이 바뀌어야 합니다.

다름이 틀림이 아님을 몸으로 배우려면
사회에 퍼진 혐오와 차별을 없애 가려면
그래서 함께 살아가는 것을 배우게 하려면
시험이 바뀌어야 합니다.

[MBC 다큐멘터리 <교실이데아> 3부 엔딩 중에서]

MBC 다큐멘터리 〈교실이데아〉 방송을 보며 시대가 급변했음에도 불구하고 노래가 나왔던 1990년대부터 지금까지 노랫말에 담겨 있는 교육현실은 많이 변하지 않은 것 같다. 여전히 객관식 선다형 문제를 시간 내 빨리 맞추는 주입식 교육과 상대평가 입시라는 경쟁 교육 구도 속에 교실이 친구와 싸워 밟고 올라가야 하는 전쟁터가 되어버린 현실이 여전하다고 본다.

사실 이 문제는 교육에 조금만 관심 있는 사람이라면 누구나 아는 문제이다. 우리가 모두 문제인 걸 알면서도 정작 그 누구도 먼저 나서서 해결하지 못하고 있다. 학부모는 자녀의 대학입시가 끝나고 나면 어느새 관심이 없어져 모두가 관심을 가질 만한 쟁점이 되지 못한다. 이렇게 지난 30여 년간 변하지 않는 객관식 상대평가 시험의 굴레 안에 부모 세대에 이어 우리 자녀 세대가 놓여 있다.

〈교실이데아〉 방송에서 방 안에 있는 코끼리를 꺼내는 것과 같은 도저히 해결할 수 없는 미션인 우리나라 공교육의 문제에 대한 해결의 실마리를 찾고자 IB 프로그램을 소개한다. 그리고 IB 프로그램을 운영하는 대구와 제주 지역의 월드스쿨 수업 현장과 그 속에서 공부하는 학생과 교사들의 실제 수업과 인터뷰 그리고 IB만의 평가시스템의 세세한 내용을 방송을 통해 생생히 확인할 수 있었다.

그런데 왜 우리나라 초중고 교육은 지난 30년 동안 대입(입시) 체제라는 철옹성 앞에 새로운 교육으로 탈피하지 못하고 있는 것일까? 교육을 변화시키고 싶어도 그 변화를 막고 있는 것은 어쩌면 시대를 따르지 않는, 변화를 싫어하는 부모의 생각과 대학만 잘 가면 그만이고 대학 입학 이후에는 교육 문제에 대해 무관심한 것이 가장 큰 원인이지 않을까 생각한다.

또한 아직도 남아 있는 학벌 체제에 대한 기득권 세대의 차별적 대우가 사회 곳곳에 여러 모습으로 일부 작동한다고 본다.

그러나 시대가 변하고 있다. 그렇기에 우리 부모들이 아이들의 무한한 가능성을 오로지 명문대 입학만을 위한 입시 체제에 가둬두고 대학 간판이 모든 것을 해결할 것이라는 과거의 패러다임에 묶여 있지는 않은지 스스로 생각해 봐야 할 때라고 말하고 싶다.

공교육 변화에 있어 가장 중요한 주체는 교육의 3주체인 교사, 학생, 학부모이다. 이들의 생각이 변화되어야 대학입시 위주의 우리나라의 교육 패러다임이 변화될 수 있다고 본다. 그 중에서도 부모의 생각이 가장 중요하고 정말 강력한 힘으로 작용한다고 생각한다.

자녀들의 진로 패러다임을 바꾸자

요즘 20~30대 인플루언서 청년들을 보면 공부를 잘한다고 해서, 또 유명 대학을 나왔다고 해서 모두 잘되는 것이 아니라는 사실을 조금만 찾아보면 확인할 수 있다. 직업의 흐름뿐 아니라 돈의 흐름이 너무도 달라진 시대가 되었다. 이러한 저성장의 시대에 대학 졸업 후 중요한 삶의 경로가 각자 전공을 살린 직무 분야에 종사하는 것이라고 가정해 보자.

과거 1970~1980년대 고도 성장기 시절 명문대학을 나오면 좋은 기업의 좋은 자리에 취업이 보장되던 시절이 있었지만, 이는 부모 세대의 옛이야기라는 것을 모두가 알고 있지 않은가? 이제는 대기업의 대규모 공채도 흔치 않고 기업들도 관련 직무에 경험이 많고 바로 현업에서 성과를 낼 수 있는 인재를 선호한다.

기업들은 업무 지식 외에 협업 능력과 소통 능력을 강조하는 추세 속에 지원자의 학력, 학벌에 상관없이 사람을 공정하게 선발하고자 블라인드 전형이 주를 이룬 지 오래다. 그렇기에 단순히 학벌만 보고 뽑았던 과거와 달리 지원자가 기업에 와서 본인이 가진 지식과 경험 그리고 태도를 종합해 지원자가 가진 총체적 역량을 평가하고 직무 적합성을 중요시하는 시대로 바뀌고 있다.

이렇듯 기업은 이미 기존과는 180도 다른 방식으로 인재들을 뽑고 있음을 사전에 인지하고, 자신이 취업하고자 하는 기업에서 필요로 하는 직무 관련 다양한 경험과 함께 자신만의 역량을 기르고 개인으로서 브랜드 가치를 더욱 높여야 한다. 기존 교육 체제에서 12년간 문제집 풀이만 했던 자녀가 대학을 나와 취업을 준비한다면 자녀는 면접에서 스스로의 장점은 무엇이라 말할 수 있겠는가? 물론 공부를 잘하는 것도 재능이라 말할 수 있지만 중하위권 아이들이 살아갈 앞으로의 인공지능 시대에는 자기의 능력을 얼마나 현장에서 발휘할 수 있는가에 달려 있다.

현대 사회에서는 정답이 없고, 기존 것들을 연결하여 이전에 없던 것을 만드는 창조성이 더 중요해진다. 과거에는 정해진 경로를 따르는 것이 보편적이었지만, 지금은 스스로 길을 만들어가는 것이 필요한 시대다. 그래서 부모가 자녀의 미래를 결정하는 것이 아니라, 자녀 스스로 선택하고 자신만의 삶의 경로를 창조할 수 있도록 돕는 것이 중요하다. 자녀가 자신만의 길을 찾고 성취감을 느끼도록 지원하는 것이 부모의 역할이다. 이를 위해 부모는 자녀가 자기 자신을 잘 이해하고, 자기 잠재력을 최대한 발휘할수 있는 환경을 제공하자.

IB 이전에 부모의 교육관부터 돌아보자

오늘날 우리나라 상위 1%의 학생들 중 많은 학생들이 대부분 의예과, 치과, 한의학, 약학, 수의학 같은 의학 분야 고소득 전문직을 목표로 하고 있다. 이 분야의 직업을 갖기 위해 초등부터 대학까지 철저히 준비시킨다며 사교육 학원은 학부모들을 유혹한다. 부모들은 자신의 자녀들이 사회적으로나 경제적으로 편안하고 여유 있는 삶을 살기 바라는 마음으로 아이들의 꿈이나 적성과는 상관없이 이끌기도 한다.

이러한 세태에 대해 나는 우리의 다음 세대들은 부모들이 정한 편안한 삶이 아니라 자녀 세대가 자기만의 고유성을 바탕으로 자신이 주도하여 삶을 이끌어 가야 한다고 말하고 싶다. 이를 위해 학교의 공교육이 변화되어 어릴 때부터 자기 생각을 말과 글로 표현할 줄 알고, 나와 다른 사람의 생각에 대해 비판적으로 수용하며 끊임없이 생각하는 습관이 체화될 때, 타인에게 끌려다니지 않는 자신만의 독립적인 사고를 할 줄 아는 성인으로 자라난다고 본다.

이런 관점에서 보자면 나는 부모도 시대의 흐름을 읽고 자녀에게 필요한 삶의 지혜와 통찰을 얻기 위해 끊임없이 배우는 과정 가운데 있어야 한다고 생각한다. 21세기를 살아갈 우리와 우리 자녀의 인생에 무엇이 필요한지 그 중심에 나만의 가치, 철학이 있어야 IB를 통해 흔들리지 않는 자녀 교육의 방향을 세워나갈 수 있기 때문이다.

아이들의 변화는 가정에서부터 시작된다. 그래서 아직 자녀가 어린 유·초등 부모라면 이제는 교육에 대한 인식을 총체적으로 바꿔야 한다. 포노 사피엔스로 태어난 우리 아이들에게 21세기 미래 역량으로 대표되는 4C(창의성, 비판적 사고, 소통 능력, 협업 능력) 역량을 키우는 교육을 제공하기 위해 고민해야 한다. 이러한 미래 역량을 배가시킬 수 있는 가장 최적화된 교육 중 하나가 IB이다. 이제 대한민국 교육의 패러다임은 바꾸어야 한다. 이에 동의하는 부모라면 이제부터라도 내 자녀를 위해 IB에 대해서 자세히 알아보길 추천한다.

요즘은 정말 많은 정보들이 폭포수처럼 쏟아져 나오는 시대이다. 어떤 것이 진실이고 어떤 것이 거짓인지 구분하기 어려운 상황이다. 정보는 빠르게 변하는 세상에서 생존에 필요한 지식을 제공하지만 사람의 귀를 얇게 만든다. 그렇기때문에 정보만을 추구하기보다는 그 안에 담긴 가치와 의미를 파악하는 것이 중요하다. 가치는 사람의 생각을 깊이 있게 변화시키고 삶의 방향성을 제시하기 때문이다.

우리의 자녀들이 어떤 사람으로 성장하길 원하는가?

나는 우리 아이들이 IB를 통해 자신이 잘 할 수 있고 좋아하는 것이 무엇인지 이해하면서 나만의 독특한 개성을 찾아가길 원한다.

스스로에게 '나는 누구인가?', '내가 잘하는 것은 무엇인가?', '내가 좋아하는 것은 무엇인가?' 등의 질문을 던지며 자신에 대한 깊은 이해를 얻어야 한다. 자신에 대한 이해는 자기 탐색의 출발점이자, 나다움을 찾기 위한 기초가 되기 때문이다. 그리고 행동(경험)해야 한다. 질문을 통해 얻은 답을 바탕으로 실제로 행동에 나서야 한다. 목표를 설정하고, 이를 향해 지속적으로 노력해야 한다. 행동 없이는 변화가 없으며, 자신의 꿈을 현실로 만드는 과정은 행동을 통해 이루어진다.

마지막으로 결과를 만들어야 한다. 목표를 향해 나아가면서 실제로 성과를 이루어내는 것이 중요하다. 성과는 자신만의 길을 확립하고, 자신이 설정한 목표를 달성하는 데 필수적이다. 결과를 통해 자신이 세운 목표가 실현되었음을 확인할 때 이를 바탕으로 더 나아갈 수 있다.

스티브 잡스는 기존의 틀을 깨고 새로운 것을 창조하며 성공을 거두었다. 이러한 혁신적인 사고방식은 현재와 미래의 시대에서 매우 중요한 가치로 여겨진다. 스티브 잡스와 같은 인물들이 보여준 것처럼, 남들과 다른 시각으로 접근하고 혁신적인 길을 개척하는 것이 이 시대가 찾는 인재상이다.

그러므로 우리는 교육의 패러다임을 변화시키고 변화된 교육을 통해 자기 자신을 잘 이해하고, 타인과 세상을 이해하며, 나를 통해 공동체에 어떻게 기여할 수 있을까 생각하는 사람으로 성장해야 한다. 이를 실천하기 위해서는 끊임없이 질문하고, 행동하며, 결과를 만들어가는 과정이 필요하다. 기존의 경로를 따르는 것이 아니라, 자신만의 길을 개척하고, 독창적이고 창조적인 방법으로 문제를 해결하며 살아갈 때 이 세상은 보다 더 나은 세상으로 변화 될 것이다.

IB에 대한 비판과 불안을 넘어

IB는 그 교육의 내용과 수십 년간 운영된 시스템으로 안정화된 평가 방법과 교육적 효과의 우수성으로, 국제적으로 공신력이 인정된 프로그램이지만 국내에선 IB를 향한 일부 비판의 목소리가 존재하기도 한다.

주된 이유 중 몇 가지는 IB는 국가 교육과정도 아니며, IB 도입 및 운영을 위해 비용이 많이 든다는 것이다. 그러나 이 부분은 다가올 시대의 변화에 대응하여 공교육 선진화를 위한 교육 혁신의 마중물로서 투자하는 것으로 보면 어떨지 생각해 보자. 전국 17개 시도 교육청 중 11개 시도 교육청이 IB를 공교육에 다양한 형태로 도입한 이유를 여기서 찾을 수 있지 않을까 생각해 본다.

　또한 IB를 선택하지 못하는 불안함에는 대학 입시의 문이 좁다는 사실 때문이다. 올해 1월에 대구와 제주의 IB DP 1기생들의 입시 결과가 많은 기대를 안겨주었다. 그러나 여전히 IB 이수 학생들이 국내 대학 입학의 문을 여는 것은 좁은 길인 것이 사실이다. 이러한 부분에서 대학이 우선시되어야 하는지, 대학을 가고자 한다면 졸업 이후의 진로도 고민하여 국내외 어떤 대학에 진학할 것인지 이러한 부분이 사전에 분명히 알아 두는 것도 도움이 될 수 있다.

　무엇보다 그에 앞서 IB를 통해 우리 자녀가 어떤 사람이 되기를 바라는지 IB를 왜 선택하는지에 대한 충분한 질문과 답을 부모와 자녀가 먼저 내리기를 바란다.

4장

IB 이상과 현실 사이에서
필요한 5가지

International
Baccalaureate

IB는 속도보다는 방향이다.

그 안에서 비판적인 생각, 깊이 있는 사고를

할 수 있는 아이로 자라도록 돕는 것이

부모의 역할이라 생각한다.

1

IB에 적응을 잘할 수 있을까요

성향과 기질에 따라 다를 수도 있다.

모든 학생들이 IB에 다 잘 적응하는가? 다 변화되는가? 아니다. 제주에 내려온 뒤 1년만 하고 돌아가는 아이들도 몇몇 보았다. 첫 번째로 IB 외적 요소일 수 있지만, 제주는 주말 부부 가정인 경우가 많았다. 부모 양쪽 모두 입도하여 같이 지내지 못하는 경우, 자녀가 어릴수록 아빠의 부재로 인한 여러 상황으로 다시 돌아가게 되지 않았나 싶다.

두 번째 이유는 PYP 학교의 경우 활동적인 프로그램을 많이 한다. 그래서 남자아이의 경우 이러한 활동적인 놀이를 꺼리는 아이는 적응이 좀 더힘들 수 있다는 것이 나의 개인적인 생각이다.

그리고 고1 Pre-DP인 경우에도 아직은 일반교육 과정을 하고 온 학생들이기 때문에 자기와 적성에 안 맞아 다시 일반계 고등학교로 전학을 가는 학생들도 좀 있다. 그러나 Pre-DP 과정인 고1 때 힘든 시간을 견뎌내고 DP 과정 첫 해인 고2로 올라가서 더 재밌다고 적응을 잘하는 학생도 있었다.

그만큼 아이들 개개인의 성향과 기질에 따라 당연히 차이가 있기 때문에 IB를 한다고 했을 때 모든 아이가 적응하는 시간은 각기 다를 수 있다고 본다. 다만 어릴수록 환경의 변화에 좀 더 빠르게 적응한다는 것을 삼남매를 통해서 알게 되었다.

정답은 없다고 생각한다. 기존 주입식 수업이 쉽고 편한 아이도 분명히 있다. 호기심 강한 아이들이 탐구심이 강하듯 IB를 잘 받아들이는 아이가 있는 반면 생각하는 것이 힘들고 귀찮은 아이도 있다. 그렇기에 IB는 아이만 적응해야 하는 것이 아니다. 부모도 함께 아이의 변화되는 환경에 동참해야 하는 것이다.

'1년만 해 보고 아니면 말지.'라는 생각으로 전학을 준비하고 있는가? 상황상 어쩔 수 없다고 하자. 그러나 1년 만에 아이들의 큰 변화를 바라고 있다면 당장 멈춰라. "1년만 하다 가자~."라고 아이들을 가볍게 설득하고 이동한 부모의 경우 아이들은 '어차피 돌아갈 건데….'라는 생각 때문에 적응에 노력하지 않는 모습도 보였다.

그렇기 때문에 무리하게 대구나 제주를 먼저 생각하기보다 이제는 내가 사는 곳이 IB를 도입한 11개 시·도교육청 관할 지역이라면, 가장 가까운 지역에 IB 학교가 생길 가능성이 있는지 교육청에 문의를 먼저 해 보고 내가 운영하는 IB미래교육 커뮤니티에 올라오는 IB 학교 소식들과 해당 지역의 IB 학교에 자녀들을 보내는 부모들과 교류하며 여러 사항들을 확인한 후 이사를 결정해도 늦지 않다고 생각한다.

부모의 교육 철학이 먼저

앞 장에서 말한 것과 같이 '우리 아이 잘 적응할 수 있을까요?'라는 질문 안에는 부모의 주관이 명확하지 않은 마음이 숨겨져 있다. 지금까지는 아이의 성향에 따라 주입식 교육을 선택하고 안 하고 할 수는 없었다. 공교육이 의무였고 기호에 맞게 선택할 수 없었다.

주입식 교육에서 부적응한 아이들은 부모들이 기꺼이 더 많은 교육비를 내면서 대안학교나 홈스쿨링 등으로 부모가 다른 방향으로 선택해야 했다. 그런데 IB를 선택함에 있어서는 왜 "우리 아이의 성향이 이런데요. IB가 맞을까요, 안 맞을까요?"를 고민하고 있을까?

우리 아이 중에도 특히 첫째와 둘째의 성향과 기질이 많이 다르다. 전학 당시 내 생각에 금방 적응할 줄 알았던 아이는 힘들어했고, 힘들 줄 알았던 아이는 오히려 금방 적응했다. 이렇게 다른 아이들의 기호를 부모가 어떻게 장담할 수 있을까? 사람이 성장에 있어서 늘 익숙한 공간에서만 생활하기보다 새로운 환경에서도 지혜롭게 적응하도록 노력해보는 것 또한 나 자신에 대해서 새롭게 알아갈 수 있는 기회라고 생각한다.

어떤 일이든지 새롭게 시작할 때는 두렵고 떨린다. 잘 적응할 수 있는지는 경험해 봐야 알 수 있는 영역이라고 본다. 경험을 통해 이 환경은 내게 맞다, 맞지 않는다는 것을 알 수 있는 것이지 시작도 해보기 전에 적응할 수 있을까, 없을까 판단하는 것은 두려움에 사로잡힌 생각일 뿐이다.

그래서 아이의 학교 선택에 앞서 자녀의 의견을 존중해주고, 충분히 들어주는 것도 필요하지만 무엇보다 중요한 건 부모의 생각이다. 고민이 된다는 건 여전히 나의 선택에 대한 확신이 들지 않은 것이 아닌가? 이제 막 IB를 알고 나니 많은 생각에 휩싸여 마음이 들뜨기도 하고 두렵기도 할 것이다. 갈대처럼 나의 마음과 생각이 흔들리지 않으려면 나는 부모로서 자녀를 위해 어떤 교육 철학을 갖고 자녀를 양육할 것인지 시간을 갖고 뿌리를 튼튼하게 세워야 한다.

내가 바라던 이상적인 교육인 IB를 선택하면 이전에 우려했던 걱정들이 다 사라질 것 같은가? 솔직히 말하면 아니다. 긍정적으로 변화되는 것은 분명히 있지만 환경이 변화되어도 자녀를 향한 걱정은 끝이 없다는 것을 이사 와서 깨달았다. 자녀를 향한 걱정은 어쩔 수 없는 부모의 몫이라는 생각도 들었다. IB를 바라보는 기대에 찬물을 끼얹는 말일지라도 현실이 그렇다.

전학 오기 전에는 '친구들보다 뒤처지면 어쩌지?'라는 진도를 못 따라가는 것에 대한 불안이 있었다면 IB를 경험하니 독서를 안 하거나 사고의 깊이가 얕은 아이를 볼 때 같은 불안이 올라온다. 그리고 오히려 해야 할 것이 더 많게 느껴지기도 한다. 중학생 된 첫째 아이를 보니 고등학생이 수시와 정시를 준비하는 아이 같다. (학습과 사교육에 대해서는 다음 장에서 더 자세하게 알려드리겠다.)

어떤가? IB에 대한 환상이 점점 깨지고 있는가? 그래서 나는 커뮤니티에서도 계속 강조 하는 것이 부모가 자녀 교육에 있어서 중심 철학을 가지셔야 한다고 늘 당부하고 있다.

내 마음을 지킬 중심 철학이 없으면 IB에 와서도 결국 자녀 교육에 있어 옆집 엄마의 말이나 주변에 흔들리는 것은 똑같기 때문에 IB를 선택함에 있어 흔들리지 않을 만한 구체적인 자신만의 이유를 찾아야 한다. 그래서 다시 한번 묻고 싶다. "자녀를 왜 IB 학교에 보내야겠는가?" 이 질문에 나만의 답이 있어야 한다. 그리고 아이도 고학년일수록 "내가 왜 IB 학교에 가야 하지? 가면 뭐가 다르고 어떤 배움의 과정이 있지?"라는 질문과 함께 IB에 대해 미리 알아두면 좋다. 만약 그 답을 부모와 자녀가 모두 찾았다면 그 초심을 굳게 지키고 출발하기 바란다.

그렇게 지내다 보면 IB 부모들의 대화의 중심에는 늘 자신만의 교육 철학을 기반으로 대화를 할 수 있는 부모들이 주변에 있다는 것을 알게 되고 또 그들을 만나게 된다. 더불어 IB 교육을 지금 선택하고 경험하는 중이라면 조바심을 갖지 말고 적어도 3년 정도는 자녀의 성장과 변화를 묵묵히 지켜봐 주기를 당부드린다.

$$2$$

환상은 이제 그만!
IB를 대하는 부모의 자세

기대가 클수록 실망은 더 큰 법

내가 2년 전에 올 때만 해도 IB의 정보는 무의 상태라 해도 과언이 아니다. 이제 막 후보학교일 때 전학 온 우리 가정은 학교에 대한 어떠한 기대보다는 아이들이 수업에서 생각하고 표현하는 아이로만 자랄 수만 있다면 그 이상 바랄 게 없는 마음으로 왔다.

그래서 그런지 교사들의 말 한마디, 아이들을 대하는 태도, 수업 방식 등 1년 동안 좋은 점만 보였다. 정말 감사한 마음뿐이었다. 그러다 곧 여러 방송 매체를 통해 IB가 알려지기 시작했고, IB 학교를 여러 지역에서 확대하는 소식은 정말로 반갑고 기뻤다.

이제 막 IB를 접하게 된 부모들은 우려하는 마음도 있겠지만 나와 같이 가슴이 두근거리기도 할 것이다. 이 교육환경에 우리 아이가 들어가기만

하면 모든 게 변화될 것 같은 기대감이 솟구칠 것이다. 하지만 교육으로 사람을 변화시키는 것은 뚝딱 뚝딱 집을 짓는 과정처럼 쉽게 끝나는 일이 아니라 정말 오랜 시간이 공을 들여야 변화될 수 있는 것임을 시간이 지날수록 알게 된다.

그런 면에서 IB라고 해서 1년 안에 자녀에게 많은 변화를 기대하고 있지 않은지 되돌아보자. 아이들이 아이들대로 열심히 노력했다면 시간을 두고 서서히 변화할 것이다. IB 교육 환경에 보냈으니 아이에게 커다란 변화를 기대하는 것은 부모의 욕심이라고 생각할 수밖에 없다. IB 교사들이 수업을 위해 연구하고 준비하는 것처럼 IB 부모가 된다는 것은 가정에서 교육을 위해 어떤 노력을 해야 하는지 살펴보고 이를 지원하는 부모가 되어야 한다.

어찌 첫술에 배부를 수 있겠는가? IB 부모 커뮤니티를 운영하는 대표로서 부모들이 IB를 선택하기에 앞서 다시 한번 신중하고 현실적인 판단을 할 수 있도록 쓴소리도 이제는 필요하다는 것을 느끼며 불편한 현실적인 이야기도 알려드려야겠다고 다짐했다.

아이 교육을 위해 직장이며 많은 환경을 포기하고 올인하는 부모도 있을 것이다. 그런데 이렇게 나는 아이를 위해 많은 부분을 희생해서 왔는데 내가 기대한 만큼 아이의 행동이 변화되지 않는다면 어떨 것 같은가? 그

불만은 도로 아이에게나 학교로 쏟아내게 된다. 솔직하게 말하면 "너 계속 이렇게 할 거면 다시 있던 대로 올라가!" 라는 말이 툭 나오는 게 현실이 다. 그만큼 아이를 향해, IB을 향해 기대하는 바가 크면 부모의 불안으로 주객이 전도되어 화로 전락하게 되고 말 것이다.

이러한 결말이라면 누구를 위한, 무엇을 위한 교육이란 말인가! 그만큼 마음을 단단히 먹을 준비를 하고 움직여라. 오로지 자녀 교육 하나만 바라 보고 사는 곳의 지역을 바꾸면서까지 삶의 거처를 옮기는 것은 쉽지 않은 일이다. 용기와 결단이 필요한 만큼 자녀를 향해 기회비용을 들여 움직였 기 때문에 그만큼 자녀가 변화하길 기대하는 보상 심리가 있다. 그래서 최 대한 많은 기대를 내려놓고 와야 한다는 것이다. 그래야 더 넓게 볼 수 있 다. IB의 장점을!

내가 살고 있는 곳은 제주이다. 그러므로 모든 IB 학교의 환경이 다 같 을 수는 없다. 다 예상할 수 없는 지역적 특성으로 인한 학교 배경과 가정 환경이 존재한다. 그래서 다들 학군지로 이사하기도 하지 않는가? 이제 겨우 4년 된 IB 교육을 학군지 같은 기대를 바라고 움직이는 것이라면 멈 추라고 말하고 싶은 심정이다. 어떠한 주변 환경을 전혀 고려하지 않고 내 가 생각한 IB 교육환경이 아니라고 생각하여 불평에 소리를 내는 건 서로 에게 상처가 될 수도 있기 때문에 내가 보는 것만이 전부가 아님을 기억해

두면 좋겠다.

그리고 만약 IB가 이도 저도 아니게 된다면 어떻게 하겠는가? 여러 가지 상황을 고려해 본 나로서는 IB는 과정일 뿐 수단이나 목표로 두면 결국 또 우린 경쟁 구도로 길을 만들어 내는 부모가 될 것이라 생각한다.

SKY가 목표가 되어 우리 아이들을 IB 로드맵을 만드는 건 이제 지양했으면 좋겠다. "IB를 해야 명문대학에 가더라."가 아닌 "IB에 성실히 임했더니 자신의 꿈을 찾아가더라."가 되어야 하지 않을까?

교육의 본질이 변질되지 않도록 주의하고 또 주의하자. 이제 대학은 선택이라 말한다. DP 1기 졸업생들의 부모도 그렇고 지금 2기 부모님들도 IB DP를 선택한 이유는 대학이 목표가 아니라 배움의 즐거움을 느끼고 자기가 원하는 길을 선택할 수 있는 사람이 되는 것이 목표라고 말한다.

나도 그렇지만 초, 중 부모들은 아직까진 시간적 여유가 있기 때문에 IB가 점차 어떻게 진행되어 갈지 지켜볼 시간이 있지만 현재 DP 학생들과 부모들의 결단력은 실로 대단하다고 생각한다. 모두가 지켜보는 가운데 많은 부담감을 가지고 있을 텐데 개척자의 정신으로 DP를 준비하는 학생과 학부모들에게 응원의 박수를 드리고 싶다.

앞서 시작한 선배가 있기에 이를 보며 후배도 따라갈 수 있는 것이 아니겠는가? 적어도 진득하니 10년은 지켜보며 우리 아이를 위한 미래를 위해 준비해 가보자. 그리고 한 길만 바라보기보다 어느 곳이든지 길은 열려 있다고 생각하자. 어떤 일에는 때론 가볍게 쥐는 연습도 필요할 때도 있기 때문이다. 이것이 우리가 개척 정신으로 IB를 선택할 수 있는 이유이기도 하다.

아이들은 부딪히면서 관계를 배운다.

우리 자녀들이 살아갈 21세기 4차 산업혁명 시대에는 인공지능과 로봇을 능가할 능력을 키워야 한다고 많은 학자는 말하고 있다. 그래서 미래 세대 아이들이 꼭 키워야 할 6가지 핵심 역량으로 협력(Collaboration), 의사소통(Communication), 콘텐츠(Content), 비판적 사고(Critical Thinking), 창조적 혁신(Creative Innovation), 자신감(Confidence)을 중요하게 바라보고 있다.

그렇다면 요즘 우리 아이들은 인간관계에 필요한 협력과 의사소통 능력을 어떻게 키울 수 있는 것인가?

청소년들뿐만 아니라 어른들도 카톡으로 대화하는 게 익숙해진 시대 속에 살고 있다. 같은 공간에 있어도 서로 눈을 보며 소통하는 일들은 줄어들고, 각자의 핸드폰을 보기 바쁘다. 더군다나 청소년들은 상대방의 감정을 알아차리며 대화하는 법을 모르고 상대방의 질문에도 어쩌티비 저쩔티비 하며 상대의 질문에 적절한 대답을 해주기보다 일방적인 대화로 공감해 주는 대화를 이끌어 갈 줄을 모른다고 한다. 그만큼 우리 자녀들은 사람과 관계하는 방법을 잃어가고 있다.

하지만 6C 역량인 협력(Collaboration), 의사소통(Communication), 콘텐츠(Content), 비판적 사고(Critical Thinking), 창조적 혁신(Creative Innovation), 자신감(Confidence)의 역량을 키우려면 사람과 사람과의 관계가 중요하다고 생각되지 않는가?

상대방을 잘 알고 이해하려면 많은 시간 함께 얘기도 해보고 불편한 감정이 쌓였을 때는 그 마음을 상대방이 기분 나쁘지 않도록 잘 말하는 지혜도 필요하다. IB 학교에서는 모둠원이 같이 탐구 활동을 해야 하므로 일반 학교보다 더 부딪히는 일들이 더 많이 생길 수 있다.

둘째가 학교에서 영화를 만들 때의 일이다. 시나리오, 연기, 촬영, 편집, 포스터 등 모둠원끼리 각자의 역할을 분담하고, 또 협력하며 영화를 만들어 영화제 준비에 한창이었다. 그런데 영화를 함께 만들자니 자기주장이 강한 아이들끼리 있으면 의견이 맞지 않고, 속상하고, 싸우는 일들이 발생할 수밖에 없다. 그만큼 모둠원끼리 협력해서 해야 하는 활동이 많으므로 아이들끼리 더 많이 부딪히고, 싸우게 되는 것이다.

"엄마 진짜 짜증 나, 자기 마음대로만 하려고 해~."

딸이 집에 와서 투덜거렸다. 아이의 얘기만 들으면 나도 화가 올라온다. 하지만 부모가 매 순간 아이가 이렇다 저랬다 하는 아이의 말만 믿고 학교로 전화해야 하는가? 어떤 상황인지 먼저 확인 후 두 번 세 번 기다려 주는 부모가 될 수는 없는 걸까? 아이는 자신의 입장에서만 얘기하기 때문에 양쪽 입장을 들어보지 않고 부모의 개입이 들어가는 순간 자연스럽게 지나갈 일도 큰 일이 될 수 있다는 점을 알고 있어야 한다.

이렇게 영화 제작 활동을 통해 상대 친구를 더 알게 되고, 영화를 만들면서 더 값진 경험을 했다고 아이들은 성찰했다. 이렇듯 아이들은 부모의 생각보다 더 지혜롭게 풀어 가는 것을 보았다.

네 아이를 키우는 나는 하루하루가 전쟁이다. 손해도 보고 양보도 하며 아이들은 각자 자기의 방식대로 감정들을 컨트롤해야 하고, 희로애락을 경험하며 관계를 배워간다. 이렇게 우리 사 남매는 이미 가정에서 작은 사회를 이룬 셈이다. 나는 사 남매를 각각 한 명씩 보면 부모로서 다 채워줄수 없는 부족한 면이 있지만 이들을 하나의 공동체로 본다면 이 아이들은 분명히 사회에 나갔을 때 남들이 경험하지 못한 관계성을 이미 가정에서 경험했기 때문에 그 경험으로 세상에 나가서도 많은 사람들과의 관계를 잘 이루어 갈 것으로 생각한다.

사 남매가 어렸을 때 내가 중재자로서 서로의 입장을 대신해서 알려주고 화해하는 방법을 알려주었지만, 아이가 성장함에 따라 아이들은 자신들의 세상 속에서 직접 화해하고, 서로를 이해하는 과정을 스스로 터득할 수 있도록 부모는 점점 말을 아껴야 함을 배우게 되었다.

이렇듯 우리 아이들은 이제 참고 견디는 방법도 배우고, 자신의 감정을 솔직하게 말하는 방법도 배워가야 한다. 그런데 요즘 아이들은 조금이라도 자신의 감정을 불편하게 하는 것을 못 참는 것 같다. 그래서 우리 아이들에게 필요한 건 따로 있다. 친구끼리 상호 작용을 하며 의사소통을 배우고, 협력을 배워 세상에 나가기 전 자신의 감정을 잘 표현하는 아이로 길러져야 하지 않을까? 이러한 과정을 통해 서로를 이해하고 극복하며 서로 협력할 수 있도록 이끌어 주는 곳이 IB 학교이기에 아이들이 변화해야 학교도 변할 수 있는 것이다.

만약 어떤 일로 인하여 피해가 발생할 때 자녀의 부모는 당연히 속상하겠지만 초등 아이들의 경우 얘기를 들어 보면 자기에 입장만 과하게 풀어 놓을 때가 많다. 그러므로 내 아이의 말만 믿기보다는 나와 맞는 관계가 있기도 하고 힘든 관계가 있다는 것을 부모의 경험을 빗대어 사실대로 얘기하며 자녀와 서로 얘기 나누고 상호 적절한 방안들을 제시해 주는 부모가 되어 주면 좋겠다.

IB 학습자상에 따라 열린 마음을 지닌 사람. 배려하는 사람. 소통하는 사람이 되기 위해 이 문화를 배우며 익히는 것을 가정에서 함께 해야 한다. 아이의 생각을 존중은 해 주나 해도 되는 것과 안 되는 것은 분명히 구분하는 아이로, 상대방의 마음에 공감할 줄 아는 역지사지를 이해하는 아이로 자라길 바라며 IB 학교라고 해서 특별하게 바라보기보다 IB는 가정에서도 함께 실천하는 것임을 잊지 말자.

기초학력과 사교육

"IB를 하면 기초학력이 떨어지지 않나요?", "IB를 하면 정말 사교육이 필요 없나요?"라고, 질문하는 부모들이 많이 있다. EBS 방송에서 이혜정 소장님이 하신 말씀을 인용해 보면 "이전의 공교육은 하나의 거대한 피라미드 안에서 경쟁하는 쌓기라면 IB는 각 개인이 자기만의 피라미드를 쌓는 것과 같다."라고 하셨다.

이 말을 들으니 어떤 생각이 드는가? 그만큼 지향하는 목표가 각 개인에게 있다. 배경지식이 없이는 질문할 수도, 생각을 표현할 수도 없는 것이 IB이다. 그러므로 기초 개념과 원리를 잘 이해하고, 배경지식을 많이 알고 있는 것이 좋다. 그래야 자기 생각을 표현할 수 있고 '왜?'라는 질문도 할 수 있는 것이다.

마치 기존 공교육은 여러 가지 채소가 각각이 보이는 샐러드와 같고 IB는 원재료를 알 수 없는 케이크와 같다고 교감 선생님께서 설명해 주신 것을 기억한다.

IB는 교과서 순서대로 수업을 진행하지 않는다. IB 프레임워크 시스템 아래 PYP는 초학문적 주제 MYP는 글로벌 맥락이라는 대주제를 중심으로 각 교과서에서 중심 주제와 연결되는 내용을 초등은 과목을 융합하여 수업하고, 중등은 교과별로 수업한다.

초학문적 주제가 과학 중심이면 과학 과목을 중심으로 여러 과목을 연결하여서 하고, 사회 관련 주제이면 사회 과목 중심으로 여러 과목을 융합해서 수업하므로 기존 수업에서는 하는 과목별로 단원 순서대로 진도를 빼며 배우는 기준으로 본다면 중간중간 빠지는 부분이 있다고 생각할 수 있다.

이런 부분 때문에 IB 학생들이 기초학력이 떨어지는 것이 아니냐는 말이 나오기도 한다. 그러나 교사 관점에서 바라보면 주제에 맞춰 탐구 수업을 하는 것만으로도 실상 수업 시간이 부족하다. 탐구 수업은 수업대로 하고 반 아이들 개개인의 기초학력까지 보강하려면 부모인 내가 봐도 수업 시간이 턱없이 부족하다. 그런데 "기초학력에 신경 써 달라, 탐구 수업은 깊이 있게 해야 하는 거 아니냐." 등 IB를 조금씩 경험하고 나니 감 놔라 배 놔라 하는 부모들의 욕심이 끝도 없이 나타나기 시작한다.

학기 초 기초 학력평가를 실시하고 기준 미달인 학생들은 방과 후에 과목을 신청하면 보강할 수는 있지만 기존 공교육이든 IB든 아이가 기초가 부족한 부분이 있다면 학교에서만 책임지라고 하기보다 아이가 학습을 잘 이해하고 있는지 부족한 부분은 없는지 가정에서 먼저 확인하고 채워 주어야 한다. 이때 가정에서 해줄 수 있는 부모도 있지만 사교육의 도움이 필요한 부모도 있다.

하지만 요즘 사교육은 어떠한가? 특히 입시를 위한 사교육은 이제 1등급을 받기 위해, 1년에 단 한 번의 수능시험을 위해 대한민국 교육은 너도나도 경쟁하느라 개념과 원리를 이해하는 진짜 공부가 아닌 암기로 문제 유형을 익히는 공부 기술을 쌓고 있다.

'누가 더 많은 양의 문제집을 풀었는가!' 양치기 학습으로 전락한 사교육 시장은 이제 지역 간의 학습 격차가 생기고, 부모의 경제력이 자녀의 학습력이 되기도 하는 세상이 되었다. 이제 사교육은 오히려 학교 수업과 생활이 무색할 정도로 공교육보다 사교육이 주가 된 상황이다.

그렇다면 IB의 관점으로 보는 사교육은 어떻게 접근해야할까? IB를 한다고 해서 사교육이 필요 없을까? 처음에 IB가 도입됐을 때 "IB를 하면 사교육은 필요없다."라는 사교육 근절책으로 말이 나오기도 했다. 그렇다고 해서 사교육이 아예 필요 없다는 말은 오해이다. 단기 속성으로 시험을 위한, 선행을 위한 사교육은 맞지 않다는 말이 였지 IB 수업 시간만으로도 기초 개념이나 이해력이 부족한 아이들이 분명히 있기 때문에 이 아이들은 사교육에 도움을 받을 수밖에 없다고 생각한다.

삼 남매도 마찬가지였다. 1년간 모든 사교육(학원과 패드형 학습)을 끊어보고 지내왔더니 아이들이 먼저 자신의 부족한 과목을 느끼기 시작했고, 결국 1년 후 기본 개념을 다지기 위한 사교육을 다시 시작하게 되었다. 내가 사교육을 선택한 이유는 진도를 빨리 빼기 위해 하는 것이 아니다. 개념과 원리를 정확히 이해하기 위해서 보완 교육으로서의 사교육을 선택한 것이다.

이렇듯 아이가 IB 학교 수업만으로도 자기 학년에 맞는 기본 개념을 구멍 없이 스스로 잘 채우고 따라가고 있다면 잘하고 있는 것이다. 얼마나 감사한가! 학원 안 가는 시간에 다양한 책을 읽고 배경지식을 쌓고 본인의 생각을 깊고 넓게 확장하는 시간이 더 많다면 좋지 않은가? 이런 시간이 많을수록 오히려 IB 수업에 많은 도움이 된다고 생각하기 때문에 IB를 하면 사교육이 필요 없다는 말이 나온 것 같다. IB에서 독서 교육이 가장 밑바탕이 되기 때문이다. 그래서 IB에 필요한 사교육은 요즘 수도권 아이들이 3년 앞서서 단기간으로 하는 양치기식 사교육이 아니라 아이의 이해 속도에 따라 아이의 부족한 부분을 보완해 줄 수 있는 관점으로 사교육은 필요할 수 있다고 보는 것이다.

하지만 IB 부모들의 불편한 진실은 학원에 보내므로 대체할 수 있었던 것들이 IB는 학원에 보내 문제를 많이 푼다고 해서 해결되는 교육이 아니기 때문에 IB 학생들의 가정에서 아이의 공부를 어떻게 봐줘야 할지 모르겠다는 것이다. 일단 IB에 다니는 학생들은 학교에서 IB 수업에 충실히 임하는 것이 먼저이고 학교에서 진행하는 교과 방과 후를 활용하는 방법도 있다. 그럼에도 사교육을 선택해야 한다면 왜 해야 하는지 아이와 충분히 상의 후 개념이나 원리를 기반으로 가르치는 사교육을 선택하는 것을 추천한다.

자기 자신을 스스로 돌아보고 더 나은 방법을 찾는 능력이 바로 메타인지이다. 이 메타인지를 키우려면 사교육에 의존했던 방법들을 일단 한번 멈춰 보는 것도 하나의 방법이다. 그렇게 해 봐야 학습에 빈틈이 보이기 때문이다. 그 빈틈을 채울 수 있는 사교육은 적절한 교육이라 생각하는 바이다. 내가 2년 반 동안 IB를 경험해 본바 IB는 속도보다는 방향이다. 그 안에서 비판적인 생각, 깊이 있는 사고를 할 수 있는 아이로 자라도록 돕는 것이 부모의 역할이라 생각한다.

IB를 너무 쉽게 생각하지 마!

IB 프로그램을 보면 이상적인 교육으로 생각하고 부모들이 많은 기대도 하고 그만큼 IB에 대해 환상을 갖고 시작한다.

이제는 말할 수 있다. 환상은 이제 그만! 사교육의 굴레에서 벗어나 행복하게 자랐으면 하는 마음에서 사교육 없는 교육을 하기 위해 IB를 선택한다는 부모가 늘어나고 있는데 이 생각에서 주의해야 할 점이 있다.

기존 공교육보다는 아이들의 자율성이 보장되기 때문에 수업 시간에 자는 친구가 없다고 할 정도로 아이들이 더 즐겁게 학교생활을 하는 것은 맞다. 하지만 주의할 것은 그렇다고 해서 IB가 기존 공교육보다 쉽다거나 재미로만 봐서는 안 된다는 것을 강조하고 싶다. 그리고 IB도 결국 공교육 안에 있다는 사실을 간과해서는 안 된다는 것이다.

IB도 중고등학교로 진학할수록 내신과 입시라는 체제에서 벗어날 수 없는 것이 우리나라 학생들에게 닥친 현실이기 때문이다. 그래서 아이들이 시범 대상이냐, 혼란만 주는 게 아니냐 우려의 목소리도 나오고 있지만 그럼에도 나는 우리 아이들에게 또 다른 길이 열린 것이라 말하고 싶다.

기존 주입식 교육이 기본 베이스라면 IB 수업은 업그레이드 버전이다. 초등까지는 자유롭게 학습을 한다. 그러나 중학교로 들어가는 순간 내신 성적에서 자유로울 수 없고, DP 학교가 아직은 많이 분포 되어 있지 않기 때문에 비평준화 고등학교라면 (특목고, 자사고 제외) 경쟁률이 점점 올라갈 수밖에 없는 상황이다. 그래서 고등 진학 시 내신 성적으로 반영되기 때문에 중고등학교에 가서도 공부를 헤매지 않으려면 초등부터 기본 학습에 구멍이 생기지 않도록 스스로 공부하는 습관을 지녀야 한다. DP 1기 졸업생들의 얘기를 들어보면 소논문 작성 및 연구를 많이 하게 되는데 그만큼 끈기와 인내가 필요한 학습임을 볼 수 있었다.

일반 학교와 동일하게 중학교 과정인 MYP 학교에서도 수행평가인 형성평가와 총괄평가를 매일 실시한다고 생각해야 한다. 그리고 학기 말 평가도 준비해야 하기 때문에 평가일에 맞춰 과제가 준비 되어있지 않으면 어영부영하다가 여러 과목별 수행평가를 놓칠 수 있다.

그래서 결국 초등 고학년때는 자기주도학습에 대한 태도가 준비되어 있는 것이 좋다. 특히 초등 저학년 때는 일기 쓰기나 생각 표현 글쓰기 등 자기 생각을 표현하는 습관을 가질 수 있도록 하고, 초등 고학년부터는 학습 플래너를 작성하면서 스스로 학습을 계획하는 습관을 가정에서 지도해야 한다.

자기 주도성을 키우는 것이 IB의 핵심 아닌가? 부모의 개입은 최대한 자제해야 한다. 공부 방법을 모른다면 알려주되 아이의 결과물에 대해서 안타까운 마음이 들더라도 부모가 많은 개입을 하지 않도록 노력해야 한다.

때론 많이 아는 것이 독이 될 때도 있다고 하지 않는가? 수학 교사의 자녀가 수학을 포기하고, 영어 교사의 자녀가 영어를 못하는 자녀들을 방송에서도 볼 수 있었다. 왜인가? 그만큼 내 자녀에 대한 기대치가 높기 때문에 1개만 틀려도 좋은 피드백을 받지 못하게 되기 때문이다. 그래서 교사인 부모가 힘들다. 내가 가르치는 학생과 나의 자녀가 비교될 때 그 괴리감은 이루 말할 수 없기 때문에 좋은 말이 나오지 않는다. 그래서 이제는 무엇을 가르치려 하기보다 코치로서 한 발 뒤에서 자녀가 스스로 자신을 알아갈 수 있도록 지지해 주는 부모가 되어야 한다.

IB 학생들이 말하기를 IB는 힘들지만 재밌다고 한다. 그만큼 쉬운 공부는 없지만 주도적으로 자기 의지를 통해 성취감을 이루어 내는 공부를 했다는 것에 아이들이 재밌어하는 것이 아닐지 생각하는 바이다. 그래서 IB는 무조건 자녀의 행복만을 추구하며 학습 태도를 갖추지 않고 놀면서 해도 되는 교육이 아니다. 또한 부모가 공부 계획을 주도해서도 안 되는 교육이기에 부모도 때로는 아는 것도 모르는 척해주고, 모르는 건 모른다고 솔직하게 말함으로 함께 질문하고 탐구하여 아이의 결과보다는 성장하는 과정을 함께 이루어 가는 부모가 되어주자.

IB는 과정일 뿐, 수단이나 목표로 두면

결국 또 우린 경쟁 구도로

길을 만들어 내는 부모가 되는 것이다.

"IB를 해야 명문대학에 가더라"가 아닌

"IB에 성실히 임했더니

자신의 꿈을 찾아가더라"가

되어야 하지 않을까?

생각하고 질문하는 IB

아이들이 생각을 자유롭게 표현할 수 있도록 탐구하고, 표현하는 IB 수업 교육 프레임을 보면 정말 바라던 이상적인 교육이다. 하지만 현재 IB를 하고 싶어도 IB 학교 연계가 잘 구성된 대구나 제주로 현실적으로 이주할 수 없는 가정이 더 많을 것이다. 그렇다면 이 교육을 가정에 접목할 방법은 없을까? 많은 부모가 궁금해하는 부분이 이 점이라 생각한다. 그래서 작은 도움이 되고자 몇 가지 정리해 본다.

너는 어떻게 생각해?

아들에게 뭘 물어보면 "몰라."라는 대답이 자주 나온다. 왜일까? 아이들은 자신보다 그래도 많이 알고 있는 부모에게 물어보는 것이 가장 쉽고 편하다. 그리고 일단 생각하기 귀찮다.

성인조차도 어떤 문제 앞에 해결 방법을 스스로 생각하기보다 검색만 하면 많은 정보들이 쏟아져 나오기 때문에 스스로 고민하려 하지 않는다. 질문하면 누군가 대신해서 답을 해주기를 원하는데 아이들이라고 다를까? 미취학 때는 정말 많은 호기심을 가지고 질문을 하지만 학교에 들어가면서부터 모두가 같은 답을 말해야 하는 분위기 속에 있기 때문에 우리 아이들은 나만의 생각, 나만의 질문을 하지 못하는 아이로 자라나고 있다.

IB가 초창기때 학생들은 변화된 수업방식으로 인해 많은 힘듦을 겪었다. 선생님이 질문하면 생각하기 귀찮고, 힘든 이 수업을 왜 해야 하냐 불평했다는 것. 어른들도 그렇지 않은가 생각해보지 않은 질문을 받으면 어떠한가? 머리가 하얗게 돼서 아무 생각이 안 나곤 한다. 내 주변에서 일어나는 일 외에는 사회와 세상의 변화에 대해서 얼마나 우리가 관심을 갖고 생각하고 변화시키고자 노력하고 있는가? 내가 관심을 갖더라도 변화되지 않을 거라는 생각이 일반적이기 때문에 혁신은 일어나지 않는 것은 아닐까?

하지만 IB의 목표는 더 나은 세상과 더 평화로운 세상을 만드는 데 도움을 주는 국제적인 마음을 가진 사람들을 양성하는 것이기에 학생들은 어릴 때부터 나와 함께하는 세상에 대해서 보는 시각을 넓힐 수 있는 것이다. 그래서 IB 학교에서는 수업 시 정의를 검색하는 것에서 끝나지 않는

다. 그 뜻을 다시 나의 언어로 다시 바꿔 말하는 것을 지도하고 있다. 나는 어떻게 해석하고 있는지, 내가 생각하는 의미는 어떤 것인지 생각해 봐야 하고 또 질문해 볼 수 있는 것이다.

그렇다면 가정에서는 어떻게 해야 하는가? 나의 언어로 바꿔 말하는 훈련을 하게 하는 것이 필요하다. 아이들이 무엇을 물어봤을 때 바로 답을 알려주기보다 "너는 어떻게 생각하는데?"라고, 물어봐 주어야 한다. 이미 답을 알려주었다면 거기서 멈추지 말고 "이건 엄마 생각이고, 그래서 네 생각은 뭐야?"라고, 다시 되물어주자. 너무 식상한 대답인가? 그렇다. 하지만 해보면 안다. 알면서도 잘 안 될 것이다. 부모인 우리는 질문하는 삶을 살지 않기 때문에 피나는 노력을 해야 한다. 그 잠깐의 한 문장이 아이들로 하여금 3초, 5초, 1분을 생각할 틈이 생기게 하는 것. 이것이 기본적인 나의 생각 열기 훈련이 되는 것이라 생각한다.

자녀가 엉뚱한 답을 내놓더라도 "야 그게 뭐야~!"라고 하지 말고, "오~ 그럴 수도 있겠네~~."라고 대답해 주는 부모여야 한다. 수학 문제를 풀 때 문제 풀이 방법이 여러 개가 있듯이 답은 하나만 있는 게 아니라고 말해주어야 한다. 그 누구보다도 아이들의 상상력을 존중해주자. 단 10페이지라도 책을 읽고 본인의 생각을 적어보거나 기억에 남는 장면을 말하는 훈련을 계속해야 한다. 꼬리에 꼬리를 묻는 생각을 하고 말하고 정리하는 습관이 계속될 수 있도록 연계하는 것이 학교생활에도 도움이 될 것이다.

IB에서 중요한 것 - 독서, 토론 그리고 영어의 역할

나만의 생각을 표현하는 것, 창의적으로 생각하는 것 그리고 비판적인 사고를 하려면 다양한 경험이 바탕이 되어야 하는데 제일 쉽게 접할 수 있는 것이 간접 경험으로서의 독서이다.

'스마트폰이 낳은 신인류'『포노사피엔스』넘어『AI 사피엔스』라는 책이 출간되었다. 『AI 사피엔스』의 저자 최재붕 성균관대 교수는 이렇게 말했다. "AI는 어떤 질문을 하느냐에 따라 매우 다른 결과물을 도출합니다. 그 결과, 실리콘 밸리에는 AI에게 최적의 질문을 던져 AI 프로그램을 테스트하는 프롬프트 엔지니어가 고액 연봉의 직업으로 자리 잡았다고 합니다." 이렇듯 AI 시대는 질문을 잘하는 법을 배워야 하는 시대이다.

이 시대의 변화 속도는 가히 무서울 정도다. 잠깐 한눈팔고 있으면 이미 새로운 것이 나와 있다. 챗GPT가 그렇다. 벌써 챗GPT4 mini가 나와 있고 곧 챗GPT 5도 출시된다고 한다. 첫째에게 물어보니 학교에서도 챗GPT를 사용한다고 한다.

생성형 AI기술은 또 어떤가? 흑백 사진이 이제 말도 하고 춤을 추기도 한다. 복원 기술도 활발하여 유관순 열사, 안중근 의사 등이 AI로 구현되어 마치 살아 움직이는 듯한 모습을 인터넷 영상에서 쉽게 접할 수 있게 되었다.

그렇다면 이제 우리는 어떠한 사람이 되어야 하는가! 질문 능력을 키우고, AI가 사실을 얘기한 것인지 판단할 수 있는 능력 또한 내 안에 있어 한다.

그러기 위해선 책을 단순히 읽는 것만으로 끝나는 것이 아니라 책을 읽고 자기한테 떠오르는 생각이 중요하다. 왜 그렇게 되는지 남들이 하지 않은 질문을 만들어야 하는 것이 우리 아이들이 길러야 할 역량이다. 그리고 타인의 질문에 대해 내 생각은 어떠한지 다양한 관점으로 생각하려면 여러 사람이 모여 토론을 경험해야 하지만 우리 부모 역시 토론이라는 것을 해본 경험이 많지 않기에 어떤 질문을 해야 할지 모르겠다고 말하는 부모들이 많다.

그렇다면 마음이 맞는 사람과 함께 모여 독서 모임을 해보는 것이 중요하다. 단, 책을 읽으면서 함께 나눴으면 하는 발제문이 있어야 독서 모임이 그냥 사모임이 되지 않고 모임의 중심을 잘 지켜갈 수 있다. 책을 읽고 궁금했던, 함께 나눠보고 싶은 질문을 1~2개를 만들어 보고 서로 나눠보자. 이 경험이 밑바탕이 된다면 아이와 함께 같은 책을 읽고 아이 수준에 맞는 질문을 만들어보는 것은 더욱 쉬워진다.

옳고 그름을 단순히 판단하기보다는 다른 사람의 의견을 존중하고 자신의 생각을 자유롭게 질문하며 대화하는 유대인의 교육 방법인 하브루타를 가정에서 실천해 보자. 이 과정에서 상대방의 주장을 반박하며 아이디어를 얻고 사고력과 논리력을 향상시킬 수 있으며, 다양한 관점에서 문제를 바라보는 능력을 기를 수 있다. 문제를 해결하기 위해 깊이 생각하는 힘을 기르는 과정은 우리 자녀들에게도 중요한 학습이 될 것이다.

미디어의 영향으로 인해 자녀들은 소통 능력이 부모 세대에 비해 부족할 수 있는 시대에 살고 있다. 이 중요한 역량을 기르기 위해 학교에서 노력하더라도 시간과 깊이 면에서 한계가 있을 수 있기 때문에 가정에서 온 가족이 함께 모여 하나의 주제에 대해 자유롭게 대화하는 시간을 갖는 것이 매우 중요하다. 이러한 대화의 기회를 통해 자녀들은 학교에서도 다양한 관점에서 깊이 있는 토론을 할 수 있는 능력을 기를 수 있을 것이다. 자녀와 같은 책을 부모도 함께 읽어보고 서로의 생각을 나누거나 질문을 만들어 토론하는 것을 강하게 추천한다. 일주일에 하루 1시간을 떼어 다과와 함께 부모와 자녀가 함께 토론하는 즐거운 시간을 만들어보자.

『경쟁교육은 야만이다』에서 김누리 교수는 이렇게 말했다. "'정답을 맞혀야지'라는 강박에 갇혀 있지 말고, 한 사회가 성숙하기 위해서는 그 구성원들이 기득권과 권력층의 주장에 대해서 거스를 수 있는 비판 능력을 우리 아이들에게 가르쳐야 한다."라고 말이다. 비단 이 내용은 아이들에게만 필요한 것이 아니라 우리 사회 구성원 모두가 생각해 봐야 할 대목이다.

우리 아이들이 전 세계 중심에 서서 자신의 역량을 어디에서든지 펼칠 수 있는 사람으로 성장하는 세계시민으로 바라볼 수 있는 눈을 키우는 부모가 되어야 한다.

『본질 육아』의 지나영 교수는 이렇게 말했다. "미래의 아이들은 국적은 한국이지만 세계 속에 살게 될 것이다. 우리는 '고향이 어디예요?'라고, 물으면 '서울이에요', '대구예요', '광주예요'라고 대답하지만, 우리 아이들은 '고향이 어디예요?'라고 물으면 '한국이에요', '이탈리아예요'라고 말하는 세상을 살 것이다."라고 말이다.

글로벌 시대를 살아가는 우리 아이들이 제2외국어를 자유롭게 구사할 수 있다면, 전 세계 어디서든 다양한 기회를 얻을 가능성은 커질 것이다. AI 시대에 AI 번역기가 존재하겠지만, 영어 소통 능력은 단순한 공부 이상의 의미를 지니기 때문에 더 넓은 세상에서 비즈니스와 같은 실생활에서 자신의 능력을 발휘할 수 있는 중요한 도구로 사용된다. 따라서 자녀의 미래를 위해 영어 능력은 반드시 키워야 할 핵심 역량 중 하나로 생각한다. 더군다나 IB를 한다면 IB DP에서도 영어 과목 외의 선택 과목 중 한 과목은 영어로 공부해야 하기 때문에 영어로 자연스럽게 소통하고 에세이를 작문할 수 있도록 원서 읽기와 영어 작문 실력을 준비해보는 것이 중요하다.

"너는 어떻게 생각하는데?"라고,

물어봐 주어야 한다.

이미 답을 알려주었다면 거기서 멈추지 말고

"이건 엄마 생각이고,

그래서 네 생각은 뭐야?"라고,

다시 되물어주자.

4

자기 주도적인 IB

주도적인 아이가 되려면

요즘 '자기주도 학습'이 많은 관심을 받고 있다. 특히 IB 프로그램을 통해 자녀의 주도성에 대한 관심이 더욱 커지면서 아이들이 부모에게 하는 말에서부터 주도성이 드러나는 것을 알 수 있었다. 자기주도 학습이 제대로 이루어지려면, 학습 계획의 주체성이 누구에게 있는지를 먼저 살펴보는 것이 중요하다.

2장에서 얘기한 것처럼 첫째 딸은 무슨 일에 있어서 "엄마, 나 이제 뭐해?"라고 말하던 아이였다. 이 말의 주체성이 누구에게 있는가를 생각해 보면 나에게 있었다. 그동안 엄마의 말에 거부함 없이 그저 순순히 따라 주었던 딸이었고 첫째와 막내는 7살 차이가 난다. 그렇다 보니 나도 모르게 막내에게 해주는 대로 첫째에게도 대신 해주고 있다는 사실을 인식하지 못하다가 어느 날 "엄마, 물!" 하는 말을 듣고 그때야 알아차렸던 것 같다.

스스로 할 수 있는 일임에도 불구하고 해달라는 대로 들어주는 엄마와 스스로 하지 않는 아이인 것을 아이가 초등 2학년 때야 인식하게 된 것이다. 그런데 알면서도 몸에 배어 있는 것을 고치기까지 꽤 오랜 시간이 걸린 듯하다. 엄마가 대신 해주길 원하는 아이와 대신 해주는 게 편했던 엄마였기 때문이다.

하지만 이제는 "엄마한테 뭘 해야 할지 물어보지 말고 네가 먼저 생각해보고 얘기해줘."라고 나의 언어를 바꾸기 시작했다. 그 후로 체크리스트 노트을 준비한 뒤 아이가 가정에서 해야 할 숙제 및 독서 시간, 학원 시간 등 스스로 계획하게 했다. 그러니 "숙제했어! 안 했어?" 하는 나의 잔소리도 줄어들게 되었다. 이렇듯 아이가 학습이 들어가기 전에 저학년 때부터 생활 습관부터 스스로 행동하도록 지도하는 것이 중요하다.

성격상 둘째 딸은 스스로 하는 아이였다. 내가 말하지 않아도 유치원 준비물이며 자기 물건이며 스스로 잘 챙기는 아이가 있는가 하면 아무리 얘길 해도 잔소리를 반복하게 되는 아이가 있기는 하다. 우리 첫째와 셋째처럼 말이다. 이런 아이들에게는 어쩔 수 없이 시간을 두고 주도성을 길러주어야 하는 게 맞다고 생각한다.

미취학이나 저학년 아이는 매일 하루 루틴을 잡아줄 체크하는 투두리스트 보드가 있고, 초등 고학년부터는 30일 노트를 활용하여 스스로 해야 할 일을 적게 습관을 두는 것이 중요하다. 아직 어린 나이기 때문에 많은 양의 다이어리보다 체크리스트 정도가 딱 적당하다.

아이 넷을 키우며 깨달은 것은 엄마의 부지런함이 아이의 결핍이 될 수 있다는 것을 알게 되었다. 적어도 5세(만 3세)부터는 스스로 자기의 몸에 대한 것은 준비할 수 있도록 참고 인내함으로 견디면 가능한 일이다. 성격 급한 엄마는 조급한 마음으로 인해 아이가 할 일을 다 해주고 있다면 엄마를 의지하는 수동적인 아이로 자라게 한다는 사실을 기억하라. 아직 미취학 아이를 둔 부모라면 어릴 때부터 스스로 씻고, 옷을 입고, 자기 전 다음 날 입을 옷을 준비하고, 유치원 가방을 준비하는 것부터가 자기 주도성 훈련의 첫걸음임을 기억해야 한다.

IB를 알면 알수록 느끼는 것은 아이 스스로 준비하지 않고, 시간 관리도 안 하고 생각 없이 지내다가는 본인의 결과물을 내기란 쉽지 않을 것 같다는 결론이 보였다. 앞에서도 잠깐 얘기했지만, 중학생이 된 아이를 보니 IB 평가가 쉽지 않기 때문이다. 자신의 과제에 대해 중간 피드백을 받으면서 수정하고 보완을 할 수 있도록 교사가 안내를 해주지만 교사의 피드백을 주도성과 계획성 있게 고치는 아이와 그렇지 않은 아이는 차이가 날 수밖에 없다고 판단이 되기 때문이다. 중, 고등학교가 일반적으로 그러겠지만 IB 학교는 일반 학교보다 글로 쓰는 것이 정말 많다. 예를 들면 체육 교과목도 글로 쓰는 평가가 있을 정도이다. 그래서 특히 글쓰기에 약한 남학생의 부모들이 교육 설명회 때 적지 않은 충격을 받기도 했다.

그래서 적어도 고등학생 이전에 본인의 스케줄 관리, 학습 계획 세우기 등 자신에게 필요한 학습을 스스로 시간 관리하는 방법부터 익혀야 한다. 그래야 자신에게 무엇이 부족한지, 무엇이 필요한지를 알게 된다. IB가 말하는 자기 주도적인 아이로 자기 생각을 주도성 있게 발표하고, 피드백을 수시로 받음으로써 성장 가능성을 본인이 스스로 터득할 수 있도록 준비해야 한다.

교사의 관점에서 학생을 본다면 어떤 학생이 예쁘겠는가? 피드백을 잘 보완하며 수시로 묻는 친구와 그럴 의지가 없는 친구. IB 교사들은 학생들이 날마다 주도적으로 질문해 오기를 기다리고 계신다. 질문이 가능한 학교이기 때문이다. 그래서 사교육이 필요 없는 이유가 여기에 있기도 한 것이다. 학생의 의지만 있다면 학교에서 배우고자 하는 다양한 방법을 교사를 통해 얼마든지 찾아볼 수 있을 것이다.

마음 근력 키우기

요즘 아이들은 몸으로 놀기보다는 게임을 하거나 영상을 보는 것을 쉬는 것으로 생각한다. 이것은 어른들도 마찬가지로 핸드폰으로 유튜브를 보는 걸 쉬고 있는 것으로 생각하지만 이것은 엄연한 착각이라고 한다. 우리의 뇌는 눈을 감고 잠을 자야 쉬는 것으로 생각하기 때문이다.

많은 뇌 과학자들의 연구 결과를 보면 사람의 몸은 마음과 연결되어 있기 때문에 건강하게 공부하기 위해서는 건강한 엔도르핀을 형성하는 기초 체력을 키워야 한다고 한다. 건강한 몸은 생각과 집중력을 강화해 건강한 자아를 형성할 수 있다.

책을 집필하면서 장시간 앉아서 글을 쓰는 일이 얼마나 힘든 일인지 집필 후반으로 갈수록 더욱 느끼게 되었다. 단기간에 집중해서 하는 이 작업도 쉽지 않은데 우리 아이들은 12년 동안 하루 10시간 이상 장시간 앉아 공부를 한다니 정말 대단하다고 생각된다. 하지만 그 많은 시간 중에 집중이 잘되는 시간이 얼마나 될까? 밥 먹는 시간 자는 시간 빼고 매일 글을 써보니 집중력에 한계를 느끼게 되는데 매일 책상 앞에 앉아 공부하는 학생들은 어떨까 싶다.

비단 공부 목적이 아니더라도 아이들의 정서적 안정을 위해서 운동이나 산책을 할 수 있는 시간이 꼭 필요하다고 생각한다. 생각과 마음을 지배하는 것은 뇌가 아니라 몸이기 때문에 몸이 먼저 건강해야 마음도 건강해진다. 몸이 처지면 아무것도 하고 싶지 않지만 일단 한번 움직이면 또 괜찮아지는 것이 우리 몸이기 때문에 우리 아이들이 집중력 있게 공부하려면 적당한 휴식과 체력 훈련은 꼭 필요하다.

그리고 한 달에 한 번씩 이라도 자녀와 단둘이 데이트하는 날이 있는가? 우리 집은 다자녀라서 1주일에 1명씩만 해도 나는 한 달이 걸린다. 아직 아이들이 어려서 햄버거 하나 먹으러 가는것도 이벤트인것 처럼 우리 아이들은 좋아한다. 이렇게 나는 한명씩 돌아가며 단둘이 데이트를 한다. 아무리 바쁘더라도 아이와 단둘이 소소하고 친밀하게 소통하는 하루 1~2시간은 비워 두는 부모가 되자.

그렇게 우리 아이들은 부모와도 건강하게 소통하고, 자기 자신을 있는 그대로 사랑하고 타인을 배려하는 기본적 소양을 기를 수 있는 고전, 인문학을 읽고, 필사하는 시간을 가질 수 있도록 하는 것이 중요하다.

어떤 환경에서도 문제를 해결할 수 있는 자기 확신을 가진 아이로, 몸과 마음이 건강하게 자라도록 도와주는 것이 중요하다. 불필요한 사교육보다는 마음의 근력을 키우는 것이 우선되어야 한다.

부모는 "너는 공부만 해, 다른 건 내가 다 해 줄게."라는 자세를 버리고,

아이가 도전과 실패를 통해 스스로 깨달음을 얻고 회복 탄력성을 키울 수 있도록 기다려 주고 지지해주는 역할을 해야 한다. IB의 큰 장점은 결과나 성취가 목적이 아닌, 인생의 가치에 목표를 두고 과정을 중요시한다는 점이 내가 IB를 놓을 수 없는 이유이기도 하다.

[우리가족 인문학 필사하기& 독서시간]

그리고 3장에서 소개된 IB 학습자상을 기억하시는가? 앞서 안내해 드린 것과 같이 IB학습자상은 10가지가 있다.

- 탐구하는 사람(INQUIRERS)
- 지식이 풍부한 사람(KNOWLEDGEABLE)
- 사고하는 사람(THINKERS)

- 소통하는 사람(COMMUNICATORS)

- 원칙을 지키는 사람(PRINCIPLED)

- 열린 마음을 지닌 사람(OPEN-MINDED)

- 배려하는 사람(CARING)

- 도전하는 사람(RISK-TAKERS)

- 균형 잡힌 사람(BALANCED)

- 성찰하는 사람(REFLECTIVE)

IB 프로그램에서 어느 과정이든지 새 학기에 가장 강조하는 것은 IB 학습자상이다. 이것은 학생들에게 어떤 인재로 자라나야 하는지 나침반 역할을 하기 때문이다. 그래서 우리 가정에서는 어떻게 적용하고 있는지 알려드리겠다.

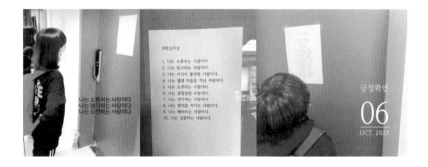

우리 가정은 위 사진처럼 IB 학습자상을 각색해서 "~이다"를 넣어 문장

으로 만들어 현관에 붙였다. 등교 전 외치고 말하기 위해서다.

사람의 생각과 행동의 변화는 말에서부터 시작되기 때문에 아이들이 어떤 말을 하는지 아주 중요하다. 내 목소리로 내뱉는 말을 통해 나 자신을 바라보는 관점이 달라질 수 있기 때문에 가정에서부터 내가 어떤 사람으로 성장할 것인지 생각하도록 학습자상과 함께 긍정적인 마음을 넣어 말하도록 하고 있다.

예를 들어

나는 천재이다.

나는 뭐든지 할 수 있다.

나는 가치 있는 사람이다.

나는 강하다.

나는 모든 일에 최선을 다한다.

이렇게 나 자신을 향해 상상의 여행을 다닐 수 있도록 말하게 하라. 아이디어 노트를 만들어보는 것도 좋다. 남과 다른 생각을 하는 사람들이 창의적이고, 새로운 변화와 혁신을 일으켰었다. 스티브 잡스가 그랬고 일론 머스크가 그랬다. 우리의 아이들도 충분히 천재가 될 수 있다. "오, 우리 아들 천재인가 봐!" 부모의 말 한마디가 아이를 살리는 말이 되기 때문이다.

뇌는 우리가 말하는 대로 이루어지게 하는 마법을 부리기도 한다. 내가 지금 책을 쓰고 있는 것처럼 말이다. 그만큼 미래는 우리 곁에 있는 것이다.

⑤

나만의 장점과 과정 중심인 IB

나의 강점을 더 강점으로

앞서 얘기했듯이 셋째 아들은 12월말에 태어났다. 고학년이 되면 잘 따라간다는 육아 선배들의 조언도 많이 들었지만 친구들 사이에서 느린 자신을 보며 상처받고, 의기소침한 아들을 보다 보면 엄마의 마음 또한 편하지는 않다. 그런데 IB 학교를 다니면서 다르다고 느꼈던 건 아이들 개개인의 속도를 인정해준다는 느낌을 받은 것이었다. 선생님께서 장점은 강점으로, 부족한 것은 비난하지 않고 시간을 충분히 주면서 방과 후에 마무리할 수 있도록 격려해 주셨다.

아이마다 배움에 속도가 다르듯이 변화의 속도도 다르다. 첫째는 책임감이 있는 아이였기 때문에 시간을 주면 완성하는 모습을 보였다고 5학년 담임 선생님께서 칭찬해주셨다. 이렇게 끝까지 마무리를 할 수 있도록 시간을 주신다는 것에 감동했었다.

셋째도 자신만의 속도로 계속해서 성장하고 있는 중이며 표정도 많이 밝아졌을 뿐더러 친구들이 나의 장점을 알아주는 것 자체에 강한 자부심을 느끼며 학교생활을 하고 있음을 느낄 수 있었다. 모든 분야를 다 잘하는 것도 좋지만 한 가지에 몰입을 경험한다면 그 분야를 적극적으로 밀어주는 것도 필요한 시대인 것 같다. 그리고 어쩌면 하나의 특기를 발견하기를 우리는 바라고 있을지도 모르겠다. 셋째는 누가 봐도 클라이밍을 잘하는데 자기는 취미로만 하고 싶다고 말하고 있다. 과연 어떤 선택을 할지는 모르겠지만 언제든지 아이의 선택을 존중해 줄 것이다

과정 중심으로 성찰하기

IB를 경험해 보니 내가 얼마나 많은 때 결과 중심으로 아이들을 대했었는지 순간순간 반성하게 되었다. 마음은 아이의 성장하는 과정을 바라보고 싶은데 내 기준에 차지 않는 결과를 보면 욱하는 감정이 순간순간 올라오는 것을 느꼈다. 그래서 IB는 경험을 하면 할 수록 아이뿐만 아니라 부모도 매 순간이 성찰의 시간임을 경험하고 있다.

아이의 과정을 지켜보며 결과보다는 그동안 얼마나 성장했는지, 또 어

떻게 변화하고자 했는지, 아이와 많은 소통을 해야겠다고 생각했다. 내가 보지 못한 아이의 노력을 나의 말 한마디로 무시하거나 주눅들지 않도록 주의를 하고 또 해야 한다. 그리고 아이 자신도 스스로 돌아볼 수 있게 하려면 부모의 말이 얼마나 중요한지 이번 과정을 통해 더욱 깨닫게 되었다.

IB 학교에서도 주도적이고 적극적인 아이들이 프로젝트에 열심히 참여한다. 반대로 옆에서 듣는 소극적인 친구도 있다. 관심이 없는 친구도 있다. 생각해 보자. 어른인 나도 책에 따라 편독을 하고 음식도 편식을 하는데 아이에게는 모든 것을 다 잘하라고 기대하고 있지 않은가. 내향형인 아이도 적응 속도에 따라 수업 태도에 차이가 있겠지만 학년이 올라갈수록 자연스럽게 배울 수밖에 없는 환경이고 문화이기 때문에 함께 스며들 것이다. 함께 협력하는 법을 배우고 불편한 점은 서로가 소통하며 서로가 부족한 것을 채우며 아이들 스스로 필요한 것을 체득해 가는 곳이 학교라는 공간에서 배워야 할 부분인데 요즘 학교에서는 옆 친구를 경쟁 상대로만 보는 것이 안타까운 현실이다.

IB 수업은 모둠에서 모두가 함께 소통하며 협력하는 법을 배우고, 서로가 함께하는 방법을 길러낼 수 있도록 참여하는 프로젝트 수업이 이루어진다. 내 옆에 있는 친구는 경쟁 상대가 아닌 협력자이고, 성찰을 통해 누구보다 결국 나 자신과의 싸움으로 성장하는 법을 배워가고 있다.

프로젝트를 실행할 때 누군가는 그렇게 얘기한다. 한 명이 다 하고 나머지 친구들은 이름만 올리지 않냐고. 혹은 부모가 대신 해주는 프로젝트도 있고, 업체에 맡기기도 한다고. 이건 정말 누구를 위한 숙제인가! 아이들의 숙제는 아이들의 몫으로 감당하게 했으면 좋겠다. 물론 썩 내 마음에 들지 않더라도, 부족해 보일지라도 참고 내 아이의 수준을 인정하고 본인도 자신의 부족한 점을 알고 노력할 수 있도록 지켜봐 주길 바란다.

책을 마치며…

셰팔리 차바리의 『깨어 있는 부모』라는 책이 있습니다. 부모로서 자아와 자녀 양육의 관계를 깊이 생각해 볼 수 있는 책이었습니다. 이 책을 읽으면서, 부모로서 우리는 어떻게 자녀에게 더 나은 영향을 미칠 수 있을지에 대한 깊은 성찰을 하게 되었습니다.

특히, 7080세대 저와 같은 부모들은 대개 부모님으로부터 칭찬과 인정을 받으며 자라지 않았고, 많은 경우 맞벌이로 바쁘신 부모님의 뒷모습을 보며 자랐습니다. 이러한 배경은 자연스럽게 우리의 양육 방식에도 영향을 미치고 있지요.

저도 예외는 아니었습니다. 학창 시절 언니와의 비교, 강남 8학군에서의 학업 부적응 등으로 부모님으로부터 받은 부정적인 언어와 감정들은 제 안에 '뭘 해도 안 되는 아이'라는 상처를 남겼습니다.

부모님도 나름의 이유와 환경이 있었겠지만, 그 상처는 저의 무의식 속

에서 계속 영향을 미쳤습니다. 이러한 경험이 자녀를 바라볼 때, 장점보다
는 나의 단점이 먼저 보이게 하고, 자책의 감정을 불러일으키게 만들었습
니다.

주변 사람들은 제게 "애 넷을 어떻게 키우냐."라며 감탄하지만, 저는 스
스로를 대단하다고 여기기보다는 '이 정도는 다 하는 거 아니야?'라는 생
각을 했습니다. 아이들 한명 한명 부족한 모습을 볼 때마다 늘 자책하게
되고, 그로 인해 제 자신은 항상 부족한 엄마로 느껴졌습니다.

아이들의 부정적 감정을 받아주느라 제가 아이들에게 받는 상처는 자각
하지 못하고 방치하다 보면, 어느 순간 제 자신이 너무 작게만 느껴지게
됩니다. 그래서 저의 자존감은 저 지하 밑바닥까지 내려가 있었죠.

부모의 자존감은 자녀의 자존감과 밀접하게 연결되어 있음을 잊지 말아
야 합니다. 자존감은 외부에서 얻는 것이 아니라, 내 안에서부터 채워져야
한다는 것을 깨달았습니다.

내가 안정적이고 자신감을 가질 때, 자녀도 안정될 수 있습니다. 따라서
자녀의 정서를 건강하게 키우기 위해서는 자신에게 애씀과 희생을 인정하
고 칭찬하는 것이 중요합니다.

내가 불안이 많다면 엄마로서 최선을 다해온 자신을 자랑스럽게 여기는
것이 필요합니다. 더 나아가 존재로서 있는 그대로 가치 있는 사람이라고

여기는 것이 중요합니다. 자신에게 칭찬과 위로의 말을 건네며, "지금까지 아이들 키우느라 정말 많이 애썼어. 너의 용기는 대단하고, 충분히 잘하고 있어!"라고 스스로에게 말해주세요.

첫째의 사춘기 변화를 겪으면서 아이는 자연스럽게 성장하는 과정인데 첫째의 어린 시절의 모습을 잊지 못하고 아이가 변했다고 생각하는 제 자신을 발견했습니다. 이제는 그 어린아이를 놓아주기로 했습니다. 이러한 과정에서 시간이 걸리기도 했습니다. 그리고 첫째가 중학교에 들어가면서부터 부모는 더 이상 대신 해줄 수 있는 것이 많지 않다는 것을 알게 되었습니다. 아이가 스스로 이겨내야 할 부분이 많기 때문입니다. 초등학교와는 달라진 학업 환경 속에서 짜증을 부리는 아이를 대할 때면 걱정도 되고 화도 나는 양가 감정을 견뎌야 하는 우리는 엄마이지요. 자녀와 힘겨운 싸움을 하게 되는 경우도 많습니다.

우리는 안전한 길과 정답을 원하지만, 급변하는 이 시대와 미래를 예측할 수는 없습니다. 이제 부모인 우리는 자녀와 함께 같은 선상에 서서 미래를 준비하고 도전해야 합니다. 우리 아이들도 도전과 실패를 통해 존재의 의미를 찾는 것이 인생의 밑거름이 될 것입니다. 이를 통해 아이들도 단단한 마음을 갖게 될 것입니다.

자녀의 있는 모습 그대로 바라보려면, 내 안의 불안이 무엇인지 먼저 찾아보는 것이 필요합니다. 어린 시절의 뿌리박힌 상처를 찾아 위로하고, 용서하며, 현재의 나를 칭찬해주세요. 나 자신에게 칭찬과 감사와 위로를 아끼지 않는다면 우리의 미래는 두려움이 아닌 용기로 채워질 것입니다.

IB의 목표는 "다른 문화를 이해하고 존중하며, 더 좋고 평화로운 세상을 만드는 탐구심이 강하고 배려하는 젊은이들을 길러내는 것"입니다.

자녀가 어린 시절부터 자신을 알아가고 이해하는 과정을 통해 이 세상에 기여하는 사람이 되도록 도와주는 것이 중요합니다. 자녀가 학문뿐만 아니라 친구와의 관계, 타인과의 소통을 통해 성장하는 성취감을 경험해야 합니다. 공부의 참된 의미를 깨달아가는 인문학적 배움을 함께 키워나가야 합니다.

IB를 경험하며 IB를 통해 아이의 성장을 바라보면서 제가 깨달은 것은 진정으로 원하는 일을 할 때는 시키지 않아도 몰입하게 된다는 것입니다. 그러니 자녀가 스스로 선택할 수 있도록 기다려주고 지원하는 것이 필요합니다.

이제는 자녀의 공부 성과를 자신의 가치와 동일시하지 말고, 자녀의 성장 과정에 의미를 두며 최선을 다하는 모습을 격려해주세요. 우리는 서로 다른 인격체입니다. 부모와 자녀로 연결되어 있지만 또 각각의 객체로서 살아가야 합니다. 부모인 우리도 늦은 때는 없습니다. 꿈을 꾸며 꿈을 이루어 나가시길 바랍니다. 그리고 하나의 커다란 우주인 우리 자녀의 성장 가능성을 언제나 믿고 축복하며 지지하는 부모가 되어주세요. 자녀에게 당신의 삶의 어떤 방식을 물려주고 싶은지 깊이 생각해보는 부모가 되었으면 좋겠습니다. 감사합니다.

부록

IB를 선택한
교육 전문가와 부모들
(IB Q&A)

International
Baccalaureate

제주로 이주하면서 시작했던 IB미래교육 커뮤니티. 처음에는 IB 학교에 자녀를 보내는 학부모들과 소통하고자 시작했던 것에서 제주의 IB가 궁금한 회원들을 대상으로 정기적으로 시간을 마련하여 온오프라인에서 활발하게 소통을 이어왔습니다. 이에 더 나아가 2024년부터는 본격적으로 외부 전문가를 초빙하여 온,오프라인 세미나를 진행했습니다. 이곳에 2024년 상반기 진행했던 IB 전문가 초청 온오프라인 특강 내용에 대해 정리하였습니다. 초빙한 전문가와 특강의 주제는 다음과 같습니다.

2024년 2월 심정섭 교육 컨설턴트, IB 교육과 입시
2024년 5월 MBC〈교실이데아〉김신완 PD, 교육 패러다임 전환과 IB
2024년 6월 교육과혁신연구소 이혜정 소장, 공교육 IB의 현재와 미래

특강마다 IB 학부모와 IB에 관심 있는 많은 회원의 참여 속에, 성황리에

진행되었습니다. 특강은 참여 회원에게 사전 질문을 받고 질문 내용을 중심으로 초청 연사가 답변을 준비하여 소통하는 온라인 줌 세미나로 진행하였습니다. 어린 자녀가 있는 회원들의 육아 퇴근 시간을 고려하여 저녁 9시에 시작하였는데, 특강 때마다 모두 2시간 넘게 진행되어 IB에 대한 회원들의 높은 관심과 열정을 확인할 수 있었습니다. 세 번의 특강에 참여한 250여 명의 회원들이 질문한 내용 중 IB를 중심으로 공통으로 궁금해하는 내용들을 정리했습니다. 독자들께서는 이를 통해 IB에 대한 기본적인 이해와 더불어 자녀에게 어떤 배움의 교실과 학창 시절을 물려줄 것인지 함께 생각해 보셨으면 합니다.

①

IB 교육과 입시 Q&A

심정섭 작가(『우리 아이를 위한 입시지도』, 『공부머리의 발견』 저자)

Q1

IB DP 과정을 이수했을 때, 국내 대학 진학 전망은 어떻게 되나요?

A1 한국의 상위권 대학에서 IB 성적 인정 여부는 제한적일 수 있습니다. IB 과정을 이수한 학생들은 전 세계적으로 인정받는 학습 능력과 문제 해결 능력을 갖추고 있다고 보고 일부 대학에서는 IB 교육의 장점을 인정하고 있습니다. 그러나 수시와 정시로 치러지는 국내 대학 입시제도 및 평가 방법과 IB를 통해 공부한 학생들이 대학에 진학하는데 있어 다소 괴리가 있는 것이 현실입니다.

국내 입시에서는 IB를 이수하는 학생들은 대부분 수시 모집의 학생부 종합 전형 중 수능 최저 점수를 요구하지 않는 전형에 응시하는 경향이 있습니다. 전국에 약 1,700개 고등학교가 있는데 300위권 이하

학교에서는 내신 1등급을 받아도 수능 최저 점수를 맞추지 못해서 탑 10권 대학에 못 가는 학생들이 많습니다. 대학에서 요구하는 수능 최저 점수를 맞추기 위해 IB와 병행하여 수능을 동시에 준비하는 것은 현실적으로 매우 힘든 과정이라고 봅니다.

IB 교육을 선택한 학부모님들의 고민은 IB 교육이 하다가 흐지부지 되지 않을까 하는 염려와 IB 교육을 통해 원하는 대학 및 학과에 갈 수 있는지 그리고 자녀들이 본인의 진로를 찾아갈 수 있는지가 명확히 보이지 않기 때문일 것입니다. 그러나 올해 대구와 제주 지역의 DP 1기 졸업생들의 상당수가 수도권 주요 대학 등에 입학한 대학입시 결과를 볼 때, 앞으로도 올해와 같은 입시 결과가 지속된다면 부모님들의 확신이 많이 생기게 되고 IB도 더 힘을 받을 수 있다고 봅니다.

Q2
IB 교육의 미래와 국내 대학의 입시와 관계가 궁금합니다.

A2 IB 교육은 글로벌 교육 트렌드와 맞물려 계속해서 발전하고 있습니다. 미래에는 더욱 많은 국가와 학교에서 IB 프로그램을 도입할 것으로 예상되며, 학생들의 비판적 사고와 문제 해결 능력을 중시하는 경향이 강해질 것입니다. IB 교육은 자율적이고 자기주도적인 학습을

선호하는 학생에게 적합합니다. 비판적 사고와 문제 해결에 관심이 많은 학생들, 호기심이 많고 탐구적인 성향을 가진 학생들에게 유리합니다.

현재 우리나라 입시 시스템에서는 상위 10~15%의 학생들만 유의미한 결과를 얻고 있으며, 문제집 풀이가 주된 학습 방식입니다. 문제는 이 문제집 풀이로 얻은 역량이 대학에서의 전공 역량이나 취업에 직접적인 성취나 보장을 제공하지 않는다는 것입니다. 내신을 1등급 유지하면서 수능 최저를 거의 2등급대로 맞추는 학생들은 상위 10% 미만이라고 보는데, 나머지 아이들한테까지 그걸 다 강요한다는 게 상당히 안타까운 상황입니다.

더 나아가 문제집 푸는 공부로 열심히 해서 국내 탑 30위권 대학에 가고 나름대로 괜찮은 학과에 가서 전공을 공부한다고 해도 그 전공을 살려 취업이 된다는 보장이 이제는 없습니다. IB 점수로 좋은 대학에 가는 거나 수능으로 좋은 대학에 가는 거나 어렵긴 마찬가지입니다. 자녀가 고등학교 3년이라도 행복하게 지내고 자기가 하고 싶은 거 하다가 대학에서 열심히 할 수 있는 것들을 찾아 진로를 개척할 수 있지 않을까 라고 생각한다면 IB라는 선택을 주저 안 하셔도 되지 않을까 싶습니다.

Q3

IB의 특징과 효과에는 어떤 것들이 있을까요?

A3 IB 학생들은 자기가 무엇을 좋아하는지 알고 중심을 잡을 수 있으며, 이 부분이 전제된다면 상위권 학생들뿐 아니라 하위권 학생들에게도 유용합니다. 학교에서 IB 과목을 공부한 것과 대학의 전공의 연계성은 대부분 좋다고 생각합니다. IB 과목을 공부했던 것들이 대학에서 배우는 것과 다 관련이 있고 실제 전 세계 대학에서 IB 졸업생들의 학업 성취도에 유의미한 결과가 있어 대학에서도 IB 하는 학생들의 문제 해결 능력을 높게 평가하고 있습니다. 다만 IB는 학습자에게 도전적일 수 있으며, 많은 학습량과 자율적인 학습이 요구됩니다.

Q4

내향적인 자녀가 IB 프로그램에 잘 적응할까요?

A4 기본적으로 IB는 자기주도적인 학습이 필요하지만, 내향적인 아이라 하더라도 IB 학교를 다닐 때 불리하지 않습니다. 내향적인 자녀도 IB 프로그램을 통해 몰입 경험을 쌓을 수 있으며, 이는 학업 성취 경험으로 이어질 수 있습니다.

Q5

IB를 준비한다면 가정에서 부모와 함께 해야 할 습관이나 유의사항이 있을까요?

A5 부모가 시켜서 하는 공부가 아니라 자녀가 자율적이고 독립적인 학습을 할 수 있도록 지원하는 것이 중요합니다. 특히, 독서와 다양한 체험학습을 통해 자녀의 호기심과 탐구심을 자극하는 것도 좋습니다. 더불어 자녀가 몰입 경험을 통한 성취 경험을 가지는게 중요합니다.

인지적 역량이 우수한 학생들은 학업 성취도가 모든 과목에 있어 우수한 경향을 나타냅니다. 반대로 인지적 역량이 부족한 학생들은 자기가 제일 잘하는 거, 진짜 이것만큼은 내가 좋아하니까 몰입해서 할 수 있는 거를 함께 찾는 것이 학원을 보내서 점수 올리는 것보다 오히려 자녀에게 맞는 진로의 발견을 위해 매우 중요하다고 봅니다.

Q6

대구와 제주 DP 1기 졸업생의 입시 결과 의미는?

A6 2024년 대입에서 대구와 제주 지역의 IB 월드스쿨 첫 졸업생들이 국내 대학 진학에 괄목할 만한 성과를 냈습니다. 대구의 한 학생의 경우 캐나다 토론토 대학의 장학생으로 선발되었고, 다수의 학생들이

국내외 대학에 진학하였습니다. 제주 표선고등학교의 경우 이전까지 비평준화 미달인 학교였으나, IB 프로그램 도입 이후 졸업한 첫 학생들이 2024학년도 대입에서 개교 이래 가장 우수한 대입 실적을 거두었습니다. 이를 통해 IB 프로그램의 교육적 성과에 대해 더욱 주목하는 계기가 되었다고 볼 수 있습니다.

IB가 세계적으로 확산된 것은 기존 IB 졸업생들의 영향이 큽니다. 국내 대학들이 공교육 IB 학교 입학생의 학업 성취도를 모니터링하고, 추후 IB 학생들의 입학 결과가 누적된다면 유의미한 상관관계를 발견할 수 있지 않을까 생각합니다.

교육 패러다임 전환과 IB Q&A

김신완 PD(MBC 『교실이데아』 제작)

Q1

IB는 공부하는 학생에게 어떤 도움이 될까요?

A1 앞으로 아이들이 살아갈 시대에는 각자 가진 자기만의 고유성을 바탕으로 펼치는 다원성이 중요해지는 시기라고 봅니다. IB 프로그램을 이수한 학생들은 학습 주제와 관련하여 교육과정 내내 끊임없이 자기 생각을 묻고 답하는 과정을 거치기 때문에 자기표현을 잘할 수 있는 사람으로 성장할 수 있지 않을까 싶습니다. 고등학교 DP 과정에서 길러진 고도의 정교화된 역량이 평생 학생들에게 긍정적인 영향을 끼칠 것으로 봅니다. 또한 IB 점수가 전 세계 많은 대학에서 인정이 된다는 부분은 학창 시절 글로벌한 관점으로 세계를 바라보며 공부할 수 있다는 점입니다.

Q2
IB의 특징과 교육적 효과는 무엇인가요?

A2 교실이데아 촬영을 진행하며 대구와 제주의 DP 운영 학교 수업을 보며 느낀 IB의 수업 특징은 글로벌 관점에 대한 이해가 되게 중요하다는 것과 학생의 자기 생각과 표현을 매우 중시하는 교육이라는 것입니다. 자기 표현력의 경우 아이들이 자라 취업하여 사회생활을 할 때에도 필요한 중요 역량인데 이 부분을 프로그램 과정에서 강하게 훈련시키는 것을 볼 수 있었습니다. 또한 IB 교사들께서 교육과정의 특성상 학생에게 수많은 실질적인 피드백을 해야 하기에 가르치는 학생들의 학업 상태와 성장 과정에 대해 너무 잘 알 수밖에 없다는 것입니다.

Q3
기존 수업과 IB 수업과의 가장 큰 차이는 무엇일까요?

A3 제가 본 부분은 IB에서는 기존 지식을 바탕으로 실생활 연계를 접목하는 게 굉장히 중요한 포인트라는 점입니다. 학생들이 어떤 것을 배우더라도 이것을 왜 하는지 어디에 써먹을지에 대한 고민을 하고 공부한다는 것이 중요하다고 봅니다.

반면 우리나라의 기존 수업은 학생들의 동기 관리가 안 된다는 부분에 있지 않을까 싶습니다. 우리나라 기존 수업은 공부를 하면 할수록 점점 공부가 재미없고 싫어지는 방식으로 진행이 되면서 동기 관리가 전혀 안 되는 것 같습니다. 내가 하고 싶은 거에 대해서 해야 되는데 그냥 남들이 정해 놓은 거에 맞춰서 하라고 하니까 마지못해 하게 됩니다. 그리고 '이거 왜 배워야 돼?'라고 얘기하면 '이게 나중에 쓸모 있을 거니까 배워두면 좋아.'라는 식으로 학생들을 설득했었죠.

그런데 IB 학생들은 이 부분에 있어서 어려움을 겪고 있지 않고 굉장히 즐겁게 공부하고 있다는 것을 현장에서 느꼈습니다. IB에서 배움의 동기라고 했을 때 예를 들어서 수학 과목의 경우를 이야기해 보겠습니다. 내가 농구를 좋아하면 농구와 관련돼서 수학적 지식이나 이론을 가지고 '내가 농구공을 잘 던지고 싶은데 어떤 포물선을 그려야지만 공이 제일 잘 들어가지?'

아니면 한 학생이 우리 부모님이 감귤 농사를 잘 지으셔야 하는데 어떻게 하면 좋지 하다가 '드론으로 어떻게 하면 농약을 낭비 없이 얼마나 잘 뿌릴까?'에 대해서 한번 계산하겠다든가 이런 식으로 접근합니다. 이런 것들이 사실은 수업에 참여하는 학생들의 동기 관리에 있어서 되게 중요해서 학생들이 공부를 잘하는 학생이건 그렇지 않은 학생이건 모두 수업에 열심히 참여하고 있다는 것을 확인할 수 있었습니다. 그것이 저는 가장 눈에 보이는 지점이었습니다.

Q4
IB를 하게 되면 사교육에 영향 있을까요? 또 사교육을 해야 할까요?

A4 공교육에 IB를 도입하는 것은 사교육을 근절하고자 하는 목적으로 도입된 것이 아닙니다. 사교육(학원)의 필요성에 대한 학생들의 유형을 살펴보면 IB 수업 자체를 잘하기 위해서 과외를 받아야 되겠다, 학원을 다녀야겠다고 하는 학생들은 많이 없었습니다.

IB 학생들은 사교육을 받더라도 기존 수능처럼 한두 문제를 더 맞히기 위한 사교육이 아니라, 학생에 따라 IB 공부가 너무 좋아 조금 더 알면 더 재미있게 할 수 있을 거 같아서 기초적인 부분을 더 배운다든가, 자신이 지원하는 대입 전형 선택에 따라 본인이 부족하다고 여기는 부분을 보완하기 위해 학원을 다니는 경우가 있었습니다. IB 학교에서 선생님들이 충분히 해주시고 계시기 때문에 학교 수업 이외에 어떤 서포트가 더 필요하다는 느낌을 받지 않았습니다.

$$\binom{3}{}$$

공교육 IB의 현재와 미래 Q&A

이혜정 소장(교육과혁신연구소)

Q1

교육감의 정책에 따라 IB 추진 분위기가 달라지는데, 인증 학교가 IB 교육을 중간에 중단할 수도 있나요?

A1 초등학교와 중학교의 IB는 커리큘럼이 아닌 프레임워크이고, IB 프레임워크 속에 각 나라의 국가교육과정을 넣을 수 있게 구조화되어 있기 때문에, IB 학교를 운영하다가 중단한다고 해도 교육과정 자체가 바뀌는 것은 아닙니다. IB 학교를 운영하면서 교사들에게 축적된 노하우와 역량이 IB 학교를 중단한다고 없어지는 것이 아니기 때문에 설령 IB 인증 갱신을 하지 않는다고 해도 IB 교육 자체가 즉시 없어지는 것은 아닙니다. 다만 고등학교 IB 프로그램은 대입 시험이 있기 때문에 과목별 커리큘럼을 따르게 되어 있는데, 이 경우 인증학교에서 IB를 운영하는 것으로 알고 입학한 학생들이 IB 대입 시험을 보

고 졸업할 때까지는 학교가 IB 프로그램을 도중에 중단할 수 없도록 협약이 되어 있습니다. 더불어 현재 IB를 운영하는 교육청의 대부분의 교육감들께는 유권자인 학부모님들의 의견이 매우 중요하기 때문에 무리하게 인증 기간 도중에 운영을 중단하지는 않으실 것입니다.

Q2
교육청이나 지자체에서 IB 교육을 위한 교사 교육과 양성, 환경 조성이 필요할 텐데 이런 부분이 정치적 이유로 휘둘리지는 않을까요?

A2　정치적 이해 관계에 IB가 놓이게 되면 예산 증감에 영향을 받을 수 있어서 IB의 양적 확산 정도는 달라질 수 있습니다. 그러나 교육의 본질적인 부분인 공정한 평가, 교수 역량을 기르기 위한 IB 교원 연수, IB를 통해 길러진 학생들의 역량 등 교육과 직결된 내용은 전 세계가 동일하게 IB의 질 관리 기준을 따르기 때문에 질적으로 달라지지는 않을 것입니다.

Q3
IB교육의 지속적 발전을 위해 어떤 움직임이 필요할까요?

A3　무엇보다 저는 학생과 교육 현장에 계신 선생님들 그리고 학부모님

들이 목소리를 내주시는 게 중요하고 필요하다고 봅니다. 현재 IB를 도입한 지역의 관심학교부터 시작해서 IB에 대해 알아가고 그 필요성에 공감하며 실제 경험을 통해 IB의 교육적 가치를 이해하는 목소리가 더 많아졌으면 합니다.

국민의 다수가 반대하는 정책을 무리하게 추진할 수는 없는 게 현실이기에 IB 학교의 확산과 더불어 이를 경험하신 분들의 긍정적 메시지와 확산이 공교육 패러다임 전환에 중요한 촉매제가 될 것입니다.

Q4

입시라는 테두리 안에서만 머무르지 않고 진짜 교육을 할 수 있게 하려면 우리 부모는 무엇을 해야 할지요?

A4 교육이 새로운 변화의 방향으로 나아가기 위해서는 무엇보다 새로운 교육 변화를 위한 국민들의 공감대가 중요하다고 생각합니다. 기존 수능 체제만이 100% 옳고 공정하다는 확신에서 한발 물러나 새로운 변화의 가능성을 모색하는 데 관심을 가지셨으면 합니다. 기존의 평가 패러다임이 바뀌면 교육의 패러다임도 바뀔 수 있습니다.

Q5

공교육에서 IB교육의 확산 및 제도적 안착을 위해 IB교육학회에서 준비하는 상황이나 추진하는 부분들이 어떤 것이 있을까요?

A5 2024년 한국IB교육학회가 만들어져, 정기적인 학술대회 개최와 학술지 발행이 이루어지게 되었습니다. 이제 전국의 대학 교수님들이나 교육학 박사들이 IB를 연구주제로 삼아, 이론, 현장, 정책 영역에서 다양한 수준 있는 논문들이 발표되고 공유될 겁니다. 한국IB교육학회는 학자들의 통찰과 현장 교원들의 노하우 분석을 통하여 IB를 공교육에 제대로 안착시키고 이를 바탕으로 한국의 수능과 내신 평가를 선진화하는 한국형 바칼로레아(KB)를 구축할 수 있도록 생태계 기반의 초석 역할을 할 수 있을 것입니다.

Q6

공교육 IB 학교가 지속적으로 확대될 것이라고 전망하시는지요?

A6 국공립 IB학교는 당연히 지속적으로 확대될 것으로 보고 있습니다. 다만, 확대 범위와 속도는 각 학교의 구성원들이 얼마나 원하는지에 따라서 달려 있습니다. 그래서 '학부모님들이 우리 학교는 너무 원합니다.' 하면 교장 선생님과 교내 선생님들을 설득하고 시간을 앞당기는 데 도움이 될 것입니다.

관심학교에서 후보학교로 넘어가는 데 가장 중요한 핵심은 교사와 학부모들이 IB를 원하는지 여부에 달려 있습니다. 다만 아직까지는 전국적으로는 IB 학교 수가 그렇게 많지는 않아서, 교육청에서도 구성원들의 요구를 모니터링하며 IB 학교를 늘려 나갈 것으로 보입니다.

Q7
교육 IB교사가 IB수업 가이드라인을 충실하게 따르고 있는지는 어떻게 모니터링되나요?

A7 IBO에서 모니터링을 합니다. IB 본부의 인증을 받으려면 모든 선생님의 수업을 다 참관합니다. 또한 모든 선생님들의 학생에 대한 숙제 피드백을 다 봅니다. 그리고 학부모 및 학생 인터뷰를 거치게 되어 있습니다. 만약 미비한 점이 보이면 인증을 보류하고 추가 보완 사항을 전달해서 미비점이 해결된 후에 인증합니다.

Q8

IB 교육을 PYP부터 시작하는 게 좋은지 MYP 또는 DP만 해도 되는지 궁금합니다.

A8 PYP, MYP, DP를 다 하는 것만 가장 이상적이냐 물으신다면 저는 꼭 그렇게 보지 않습니다. 왜냐하면 전 세계에서 가장 많은 IB 학교는 DP입니다. DP 학교가 압도적으로 많습니다. 그 말은 중학교와 초등학교는 IB를 안 하고 DP를 하는 학생이 압도적으로 많다는 것을 뜻합니다.

이를 통해 알 수 있듯이 IB의 핵심은 DP라고 봅니다. 초등학교와 중학교에서 IB를 했는데 고등학교는 다시 수능 보는 걸로 돌아간다 그러면 다시 제자리로 가는 거라고 봅니다. 왜냐하면 고등학교가 가장 고차원적인 사고 역량을 길러낼 수밖에 없는 구조이기 때문입니다. 초등학교 중학교는 워밍업 수준으로 기반을 다지는 단계이고 고등학교가 본격적인 사고력 확장 공부를 하는 거라고 볼 수 있습니다. 학생에게 길러지는 전체적인 역량을 봤을 때, 초중학교 때 IB를 안 하고 고등학교에서 DP를 한 학생이, 초중학교에서 IB를 했는데 고등학교에서 DP를 하지 않은 경우보다, 훨씬 더 압도적으로 역량이 성장한다고 봅니다.

비판과 창의는 맨땅에서 나오지 않습니다. 우리나라는 굉장히 잘 집어넣는 교육으로는 월드 탑이지 않습니까? IB는 집어넣는 게 하나도 없으면 꺼낼 수 없는 교육입니다. IB는 집어넣은 지식을 바탕으로 나만의 생각을 얼마나 잘 꺼낼 수 있는지의 패러다임이기 때문에 초중학교 교육을 충실히 이수했다면 IB를 안 했더라도 고등학교에서 충분히 잘할 수 있습니다.

다만 여러 사정상 IB 초등학교를 나오고 일반중을 가거나 IB 중학교를 나오고 일반고로 진학할 경우 상급학교에서 불리할까 걱정하는 분들도 있는데, IB는 여러 프로젝트를 통해 교과 기초 개념을 단단하게 다지기 때문에 설령 객관식 문제풀이를 하는 상급 학교로 진학한다고 하더라도 학력이 전혀 떨어지지 않고 오히려 수행평가에서는 압도적인 우위를 보인다는 실증 사례들이 많이 나오고 있습니다.

Q9

주의 집중력에 문제가 있는 4학년 여아 아이를 둔 부모입니다. IB 교육에 아이가 적응할 수 있나요?

A9 ADHD나 ADD는 정도의 차이가 있지만 주로 관심 없는 공부에 집중하기가 어렵고 자신이 관심 있는 영역에선 놀라운 집중력을 보이기도

합니다. 주의집중력에 문제가 있다면 병원에서 진단을 통해 약을 처방 받고 복용하면서 공부하면 됩니다. 시력이 부족하면 안경을 쓰고 몸이 아프면 약을 먹으면서 공부할 수 있듯이, 주의집중력에 문제가 있으면 보완 방법 병행하여 얼마든지 잘할 수 있습니다.

Q10

IB 학교를 다니는 아이들을 위해 부모님들이 현실적으로 가정에서 아이들을 어떻게 지도해야 하는지요?

A10 집에서는 주로 아이가 학교에서 뭘 배우고 뭘 했는지에 대해 대화하고 물어보고 질문해 주시면 좋을 것 같습니다. 그리고 조금 괜찮은 생각이 나오면 과하게 리액션 해주면서 자녀가 다른 종류의 생각도 할 수 있도록 안심 그물망이 되어주시면 좋을 것 같습니다.

또한 자녀가 어떤 이슈에 대해 뭐라고 얘기하면 '왜 그렇다고 생각해? 그런데 그게 아니라면?' 이렇게 계속 물어 주면 그것에 대해서 자녀가 또다른 생각을 할 수 있다고 봅니다. 엄마가 정답을 다 가지고 있을 필요는 전혀 없습니다. 엄마가 어떻게 모든 걸 다 알 수 있겠어요. '나도 모르는데 난 네 생각이 궁금한 거야.' 이런 마음가짐으로 계속 자녀와 얘기를 해 보세요. 그러면 아이는 생각이라는 걸 하게 되고 자신의 언어로 말을 하게 됩니다. 이런 방식이 가정에서 아이에게 가장 좋은 지도라고 생각합니다.

④

제주 IB 학교로 보내기 위해
이사한 부모들의 인터뷰

올해 3월. 디지털에듀 박수현 기자를 통해 IB 교육을 위해 어떻게 제주에 오게 되었는지에 대해서 인터뷰를 진행했었습니다. 그리고 IB미래교육 대표로서 3월에 있었던 IB 부모 모임에 참여한 IB 학부모님들께도 인터뷰를 요청했습니다. 디지털에듀 신문사에서 정리, 보도한 학부모 인터뷰를 첨부합니다.

[출처 : 디지털에듀(www.kedu.news)[기획] 맘터뷰 - 내아이 IB학교에 보낼까?1.2편 요약]

Q1

IB 교육을 언제 처음 접했나요?

• 2년 전 유튜브 〈혼공 TV〉에서 이혜정 소장님과의 인터뷰 영상을 보고.

- 십여 년 전부터 알고 관심을 가지고 있었어요.
- 2019년 이혜정 교수님의 『서울대에서는 누가 A+를 받는가』, 『IB를 말한다』 등의 책을 읽으며 IB 교육에 대해 접했습니다.
- 3년 전 아이 초등학교 입학 즈음 교육과정에 대해 알아보다가 IB를 알게 됐어요.

Q2
IB 교육의 어떤 부분에 매료되었나요?

- 아이들이 자신의 생각을 자유롭고, 다양한 방식으로 표현해 보는 것이요.
- 학습의 자기 주도성과 적극성이요! 요즘 아이들의 가장 큰 문제가 수동적으로 시키는 공부만 하고, 학습에 흥미를 완전히 잃은 채, 자기 삶에 대한 주도성이나 적극성 없이 무기력한 모습이잖아요?
- 정해진 답이 없거나 답이 여러 개일 수 있다는 점에 매력을 느꼈어요.
- 점수를 높이려고, 정답을 외치려고, 손드는 아이보다, 다른 친구의 생각을 듣고 나의 생각을 다듬어 가는 아이로 키우는 교육과정에 매력을 느꼈어요.
- 생각하는 힘을 기를 수 있는 교육이라는 점이요!

Q3
내 아이를 IB 학교로 보내야겠다고 결심한 계기가 있나요?

- 사교육에 대한 고민과 불안감이 점점 커졌어요. 사교육 없는 교육을 찾아 IB 교육을 선택하게 됐습니다.
- 현재의 공교육이 30년 전 나의 학창 시절과 별다를 게 없다는 것에 대한 회의감 때문입니다.
- 특목고 수업 참관을 간 친구 말이, 아이들 모두 선생님 말씀을 토씨 하나 놓치지 않고 타이핑하더란 얘길 듣고 현 교육 방식은 아니라고 생각했어요.
- 좋은 대학 진학에 얽매이기 싫었어요. 사교육이 아이들의 삶에 긍정적인 영향을 미치지 못할 것이라는 생각을 했고, 그때 즈음 IB 교육을 알게 돼서 이 교육을 받게 해야겠다 생각했어요.

Q4
IB 학교로 보내면서 가장 기대했던 부분은 무엇이었나요?

- 아이가 자기 의견을 표현하고, 다른 친구들의 생각을 경청하고, 동조 혹은 반론하기 위해 적극적으로 책을 읽고 같이 의견을 만들어 나가는 과정을 경험하길 바랐습니다.

- 아이의 인성, 공동체 의식을 키워 나가는 것이요.

- 아이 스스로 자신이 가장 좋아하는 것, 하고 싶은 것을 찾기를 기대했어요. 적극적으로, 주도적으로, 즐겁게요!

- 아이의 입장에서 아이의 생각을 많이 들어 주었으면 했습니다.

Q5
반대로 IB 학교에 보내기로 하면서 걱정 혹은 고민한 것이 있나요?

- 내 이상 속의 IB 교육이 표선의 이 학교에서 얼마나 구현이 될 수 있을까?

- IB 교육이 정치적 이슈로 지속되지 못하면 어떻게 하지?

- 평소에 말하기를 많이 해 보지 않아서 오히려 수업 시간에 힘들진 않을까 걱정했어요.

- 입시에 관해서는 아직 구체적인 생각을 해 보지 않아 막연한 두려움이 있어요.

- 교육 자체는 좋지만, 우리 아이에게 맞지 않는 교육일 수 있잖아요. 그래서 걱정했던 것 같아요.

Q6
실제 IB 교육을 경험해 보니 어떤가요?

- (2개월 차) 아직 잘 모르겠지만, 아이들의 주도성을 이끌어 주는 것이 좋아 보입니다. / 아이의 사소한 의견도 잘 들어 주는 것 같아요.
- (7개월 차) 협력을 중시하는 것이 일반 공교육과 차이가 있는 것 같아요. 친구를 경쟁자가 아니고 동료로 생각하는 부분이요.
- (9개월 차) 아이와 수학 문제로 신경전 벌이지 않아도 되어 좋아요. 대입에 대한 압박감이 없다는 점도 좋고요. / 독서의 비중이 생각보다는 적은 것 같습니다.
- (2년 차) 아이가 말을 잘 못해도, 들을 분위기가 형성돼 있다는 점. 그래서 자신 없는 아이도 의견을 점점 말하게 된다는 점이 좋았습니다.

Q7
아이들의 반응은 어떤가요?

- "엄마, 내가 아이를 낳으면 엄마처럼 이 학교에 보낼래"라고 했어요. 무슨 말이 더 필요할까요?
- "육지에 있을 때는 아침에 학교 가기가 싫었는데 지금은 적어도 그렇

지 않아. 우리가 직접 계획을 짜니까 재밌어"라고 말해요.

- "학교 가는 게 즐거워요. 수업이 재밌어요!"라고 말할 때 이주하길 잘
  했구나 생각합니다.

  (예전 학교를 아직 그리워한다는 아이도 1명 있었습니다.)

Q8
나홀로 육아가 힘들진 않나요?

- 이전에도 남편 출장이 잦아 독박 육아를 했었기에 부담은 없었어요.
- 학교 방과 후 수업도 다양하고, 지원도 많아서 아이들 생활에 도움이
  돼요.

  (그런데, 방과 후 수업 경쟁률은 꽤 높아요!)
- 아이들이 고학년이라 육아에 대한 부담은 없고, 날씨가 좋지 않을 때
  육지로 건너갈 수단이 없어지는 데 대한 고립감은 있어요.

Q9

제주 표선으로 이주하기 전 따로 준비한 것이 있나요?

- 책 읽고 생각 나누기는 꾸준히 한 것 같아요.
- 아이들이 학교에서 많은 시간을 보낼 수 있을 것 같아, 저는 직장을 알아봤어요.

Q10

IB 교육으로 자녀가 좋은 대학에 가길 기대하는 분이 있나요?

- 외국 대학을 염두에 두고는 있어요. 그 때문에 IB 교육을 시작한 건 아니지만요.
- 아이가 이런 이런 이유로 이 대학에 갈래~라고 한다면 응원할 생각입니다.
- IB 학교를 선택하면서 가장 먼저 내려놓은 것이 좋은 대학 진학에 대한 욕심이에요.
- 아직 구체적으로 외국 대학을 고민해 보진 않았지만, 이 글로벌 시대에 국내 대학에만 관심 가질 필요는 없을 것 같아요.
- 아이가 싱가포르 IB 학교를 탐방하고 와서 그 나라 학교를 가고 싶어 합니다. 아직은 호기심이라 생각하고 옆에서 지켜보려고 합니다.

- 좋은 대학을 교육의 목표로 두고 있진 않습니다. 교육의 본질은 그게 아니잖아요?

Q11
지금 현재의 고민은 무엇인가요?

- 교육 기간을 정해 놓지 않고 이주를 했어요. 조금 더 겪어 보고 결정을 하려고 해요.
- 가족의 생이별을 감수하면서까지 아이들에게 도움이 될까에 대한 고민이 완전히 해결되진 않았어요.

Q12
IB 교육을 위해 이주를 고민하는 분들께 조언해 준다면?

- 언어를 대화보다 문법으로 배우고, 수학 공식 달달 외우고, 글이라고는 시험 문제만 읽는 아이들을 하루빨리 구해 주세요!
- 아이 학년이 높다면 정말 입시에 대한 욕심을 다 털었는지 고민해 보셔야 해요.
- 과도기에는 100% 효과를 기대할 수 없다는 점을 생각하고 왔으면 좋

겠어요.

- 걱정보다 행동을 하세요!

- 쉬운 결정은 아니지만, 또 못 해낼 일도 아닙니다. 아이들과 충분히 소
  통하고, 생각을 나눠 보시고, 오기로 결정했다면 큰 기대보다는 '많이
  배우고 성장해 보자'라는 마음으로 왔으면 합니다.

감사의 글

공교육 IB 프로그램 도입과 확산에 중추적인 역할을 해오신 교육과혁신연구소 이혜정 소장님 감사합니다. 유튜브 〈혼공TV〉를 통해 많은 부모님께 IB를 소개해주신 혼공쌤 허준석 선생님과 IB미래교육 커뮤니티에 많은 도움을 주신 『공부머리의 발견』, 『우리 아이를 위한 입지시도』 저자 심정섭 작가님, MBC 교실이데아 김신완 피디님, IB공교육 연구소 김규대, 김희정 대표님, 디지털에듀 박수현 에디터님께 감사의 마음을 전합니다.

IB를 최초로 대구와 제주 공교육에 도입하여 우리의 자녀들에게 다양한 교육의 장을 열게 해주시고 지금도 IB 교육 확대를 위해 애쓰고 계시는 대구광역시교육청 강은희 교육감님, 제주특별자치도교육청 이석문 (전)교육감님, 김광수 (현)교육감님 감사합니다. IB 관심학교부터 IB 월드스쿨이 되기까지 3년 동안 많은 피, 땀, 눈물을 흘리신 표선초 모든 선생님들께 진심으로 감사의 마음과 응원의 마음을 전합니다. 선생님들의 도전과 열정이 있었기에 우리 아이들이 IB라는 좋은 교육을 받을 수 있었고 선생님들이 계시기에 우리 아이들의 미래가 더욱 기대됩니다. 부디 건강 유의하시고 오랫동안 IB 학교에 남아주세요! 교사, 학생, 학부모, 3주체의 협력을 위해 학부모회를 이끌어주시고 많은 도움을 주신 표선 초·중·고 학부모회장님과 임원진분들, 운영위원회 위원들께 감사의 인사를 전하며 많은 노고에 감사드립니다.

그리고 알게 모르게 보이지 않는 곳에서 IB미래교육 커뮤니티 운영진인 저(제주뽀맘)와 남편(에듀포대디)에게 응원과 지지를 해주시는 커뮤니티 회원 부모님들께 이 지면을 빌어 또한 감사한 마음을 전합니다. 여러분이 있기에 대한민국 교육에 IB를 통한 부모 세대의 교육패러다임 변화가 시작되고 우리 아이들의 교실이 바뀌어 갈 것이라 기대됩니다. 우리 함께 목소리를 높여봅시다.

작가라는 새로운 일에 도전하도록 응원해주신 에이그라운드 김서한 대표님, 오지현 대표님 감사합니다. 공교육 IB 도입 초기부터 IB 교육도서 『IB 국제 바칼로레아 초등교육』, 『어서와, IB는 처음이지?』를 출간하여 IB 공교육의 밝은 미래를 먼저 알아보셔서 저의 첫 출간을 도와주신 미다스북스 임종익 본부장님, 이다경 편집장님 외 미다스북스 가족들에게도 큰 감사를 드립니다.

나의 영원한 멘토이자 나의 성장 과정을 누구보다 기쁘게 반겨주는 희정 언니, 나를 항상 멋진 언니로 생각해주는 헌영이, 제주에서 만나 지금도 가장 가까이에서 늘 항상 응원과 지지를 해주는 소현, 은영, 시정, 하연, 원미 언니들과 서윤이, 힐링 북클럽, 청소년 독서모임 멤버들 긴 시간은 아니였지만 콧물 쏟아가며 오래된 인연처럼 생각과 마음을 공유했던 여러분이 없었으면 어떻게 이 시간을 지내왔을까 싶네요. 감사의 마음을 전합니다.

제주에 내려오면서부터 가족과 떨어져서 주말마다 제주를 오가며 내게 의미있는 일을 찾게 해주고, 지금도 많은 지지와 도움을 주는 우리 남편! 진심으로 고마워요♡ 나의 사랑 나의 보물들 우리 다율, 다혜, 다현, 다은아 너희가 없었다면 엄마의 길고 긴 이 이야기가 세상에 나오지 못했을 거야. 엄마를 자랑스럽게 여기는 우리 딸들, 아들 고맙고 사랑해♡

엄마의 희생과 헌신으로 제가 여기 있네요! 엄마가 제주에 있어서 올 수 있었고, 잊지 못할 엄마와의 추억과 시간을 가질 수 있었던 것 같아요. 이제 건강하기만 해요. 대구에서 나와 함께 IB 공교육의 정착을 위해 목소리를 높여주는 나의 육아 선배 우리 언니와 연헌, 도혜, 도현아 고마워! 하나님 앞에 말씀과 기도로 설 수 있도록 인도해주신 새움교회 민경찬 목사님과 표선교회 이유덕 목사님 및 구역 식구들께 감사합니다. 마지막으로 우리 가정에 항상 필요한 것을 채워주시고, 다음 세대를 위한 유니게로 살게 해주신 하나님 아버지의 은혜와 사랑에 감사합니다.